まえがき

自社を末永く発展させたいというのは企業経営者であれば誰もが願うことではないでしょうか?

日本は、100年以上続いている老舗《しにせ》企業の数が2万社以上にのぼり、世界一の長寿企業大国です。200年以上の企業に絞っても3000社を超えると言います。

その多くは、旅館だったり、和菓子本舗だったり、酒蔵だったり、伝統を守る小規模企業だと思われますが、一方で明治以降に発展した鉄鋼業、銀行、繊維業など近代産業の分野に属する大企業でも、100年以上続いている会社は決して珍しくありません。

こうした長寿企業に共通する条件は何でしょう?

もちろん、世界に誇れる優れた製品を作り、顧客を満足させるような良質のサービスを提供しているといった、本業における実力を真っ先に挙げるべきでしょうが、それ以外に私は、「不動産所有」が共通条件と考えています。

本業による収益以外に、不動産がもたらす収益によって潤っている企業は想像以上に多くあります。

おそらく100年以上続くような企業の中で、不動産所有による下支えのない会社というのは現実的には存在しないだろうというのが私の持論です。その証拠に、業種別で「貸事務所業」が占める割合は、清酒製造についで2位となっており、近年その割合は増加傾向にあります。

とは言え、中小企業経営者にとってみれば、そうした長寿企業の不動産収益などまるで別世界の話と感じられるかもしれません。

うちの会社は余った土地なんかないし、それを買うだけの資金余力もないよ、と。

一般に中小企業経営者は不動産投資には無関心です。不動産業者であるならともかく、自分の会社は不動産とは無縁だと感じています。

しかし、私は、本業が不動産業と直接関係のないような中小企業にこそ、不動産への投資を強くお勧めします。

なぜなら、不動産投資は企業の財務状況を劇的に改善してくれるからです。毎月家賃が入ってくる収益不動産を所有することによって、本業と連動しない強固な利益構造を持つことができるのです。本業で思うように利益を上げられなくなったときに、本業とは独立した収益構造があるというのは、非常に心強いことです。

あなたが、自社の財務を強化したいと考えるなら、是非とも不動産投資に目を向けるべきです。何も大企業のような広大な土地、巨大なビルを持つ必要はありません。調達できる資金の範囲で適切に運用することで、不動産がもたらす財務上の恩恵はしっかり得ることができます。

ではどのような不動産投資でもいいのでしょうか？

私は、中小企業の体質強化に役立つような不動産投資は種類が限られていると考えています。

そして、そうしたタイプの不動産を見つけ出すには、不動産に関して長く信じられてきた「常識」「既成概念」に捉われない視点や発想が必要です。

この本では、そのような視点、発想を駆使し、不動産投資の新たな魅力に光を当てていきます。

世の「不動産投資」に対するイメージとはどのようなものでしょう。

資産家が金に物を言わせて行う道楽？　老後の資金を賄《まかな》うためのアパート経営？

あるいは、バブル期の土地転がしのようなリスキーなイメージを持つ人もいることでしょう。

不動産にはこのような側面があることも否定できませんが、それとは全く違う不動産投資の姿があることを是非知って欲しいと思います。

勝ち残る企業のための

不動産投資バイブル［目次］

【第2章】今こそ、不動産投資のチャンス 061

【第3章】どのような不動産を狙えばいいのか 105

【序章】

不動産投資イノベーションの起源

金融ビッグバン当時の「不動産」

私は大学卒業後、証券会社に7年間勤め、その後、不動産業も経験しました。金融商品も不動産商品も扱ったということの時期の経験が、私が不動産投資に興味を持った大きなバックボーンになったと言えます。

当時、「金融ビッグバン」という大規模な金融改革があり、金融商品を扱う業界間の垣根がなくなって、銀行も生命保険会社も、様々な金融商品を扱えるようになりました。

投資家にとってみれば、投資対象が多様化して、金融投資の可能性が大きく膨らんでいった時期でもあります。

しかし、そんな金融ビッグバンの洗礼を受けた日本の投資市場においても、依然、投資対象としての「不動産」は、異質なものと見られていた感がありました。

証券業界の人間からすると、金融商品は株であったり債券であったり、つまりは有価証券が本筋であり、投資対象として不動産はなかなか視野に入ってこない。

一方、不動産業界の人間にしてみれば、不動産というのはあくまでも販売するための物件、「商材」であるという認識が主流で、投資対象として扱うのは邪道であるという考えも根強かったのではないでしょうか。もちろん不動産投資を専門にする会社もありましたが、逆にそういう会社は、一般の金融商品にはあまり興味を示さない。不動産投資一本でいく。

金融の世界から見ると、「不動産」というのは、いまだに垣根の向こうの遠い存在――。証券業界と不動産業界の双方に身を置いた私としては、そのことを当時から強く感じていました。

ひるがえって、そんな業界の傾向を投資家の立場で見てみるとどうでしょう？

投資家からしてみれば、投資対象が株だろうが、債券だろうが、不動産であろうが、要は利益が出るならば何でもいいはずです。

不動産を安く買い、高く売って利益を得るというのはごく当たり前に行われています。そこにはキャピタルゲイン（資産価格上昇による利益）が厳然と存在するわけです。

不動産は投資の世界の「異端児」

また、不動産を獲得して、そこから家賃収入を得るのもごく一般的なことです。つまり、インカムゲイン（資産保有による配当・利息）も、不動産には当然のようについてくる。

どこからどう見ても、不動産というものは投資対象としての条件を立派に備えているわけです。それなのに、業界の「常識」「慣例」によって、一般投資家にとって不動産投資は手を出しにくいものと見られている。そんな状況に対して、私は歯がゆくもあり、もったいないなという気持ちも強く持っていました。

しかし逆に言えば、不動産というものが、いわば投資の世界の「異端児」だったからこそ、私は不動産に強い興味を持ったとも言えます。そして、不動産投資のことをいろいろと調べてみると、これはなかなか魅力のある投資対象であるということが分かってきたのです。

「不動産投資」のアドバンテージ

株や債権などと比べた場合、不動産にはどういった特徴があるのか考えてみましょう。

株なり債券なりといった有価証券は、財産権など一定の価値を有していますが、それ自体単独で何かの用途に使えるものではありません。紙幣のように、それで買い物をすることはできませんし、物理的実体のない株や債券は、金融市場で取引されるとき以外は、ただの紙切れ、ネット取引であれば、ただのデータでしかないのです。

それに対して不動産はどうでしょう?

当然のことですが、土地であれ、家屋であれ、ビルであれ、物理的実体のある不動産は、一定の使用目的でつくられ、所有され、貸借されるものです。つまり、不動産には必ず「使用価値」が付随しているということです。

使用価値があるかないか――。不動産と、それ以外の金融商品との大きな違いがここにあるということをまずご理解いただきたいと思います。

さて、使用価値があると、どういうことが起こるのでしょうか? そこには使用する人、所有する人の「好み」というものが色濃く出てくるのです。

例えば、「駅から近いから良い」「北向きだから嫌だ」「築が新しいので家賃を高くしよう」……といった単純な立地条件・築条件による好みもあるでしょうし、「住み慣れた土地だから愛着がある」「思い出の場所だから手放したくない」……という個人的理由での好みもあるでしょう。あるいは、「人気のある街だから引っ越してきた」「物件はいいけど土地のイメージが悪いから躊躇している」……といったように世評やトレンドが好みを左右することもあります。

気に入ったものならば、本来の価値をはるかに上回る金額を払っても惜しくはないという人は大勢います。せいぜい2の価値しかないものに、好きだからという理由で10も、20も払うということはまれではありません。反対に10の価値があるものでも、嫌いだ、イメージが悪い、という理由で2しか払いたくないということもあります。

つまりどういうことかというと、不動産というのは非常に「プレミアム＝付加価値」がつきやすい商品だということです。他の流通商品、例えば家電などであれば、その使用価値にあった相応の価格で売られますが、不動産の価格は「好み」という不確定な要素によって、プラスにもマイナスにも非常に大きなブレ幅が出るわけでしかし、これこそが投資対象としての不動産の妙味が生まれるゆえんです。なぜなら、そこに「割高・割安」という現象が生じてくる。そして割安なものを見つけられたならば、投資手法として効果的な「逆張り(ぎゃくばり)」が効きやすく、投資の妙味が生じるのです。

投資の妙味～いかに「割安の物」を掴むか

言うまでもなく金融投資というのは、安いときに買って高いときに売るのが基本です。

将来、値上がりをする可能性、潜在的な価値がありながら、今は安い値段で取引されている割安な株や債券を手に入れられれば、その投資は成功に大きく近づいたと言えます。世の投資家は、そうした割安なものをいかに見つけるかということに血まなこになっているものです。

しかし残念ながら、金融マーケットでは、割安なものはプロの投資家によって、

> 相場の良いときに売り、悪いときに買う

不動産は「逆張り」が効き、
投資の妙味が生じる

あっという間に買われてしまいます。

なぜかと言うと、投資の世界には、マーケット全体の動きを見る「金融指標」（日経平均、ＴＯＰＩＸなど）と、個々の銘柄を見る「個別指標」（株なら会社の業績、国債ならその国の政情など）というものがあって、プロの投資家はそうした指標を常時分析しながら、割安な銘柄を見つけ出しているからです。

もちろん、このような指標はオープンなものですから誰でも見ることができます。しかし、それを分析・検証して、割安銘柄を見つけ出すことは一般投資家にとっては至難の業です。プロには到底太刀打ちできないでしょう。一般投資家は割安なものはなかなか拾いにくいのです。だからこそ、投資のプロ集団である証券会社、投資信託会社が存在するとも言えます。

そして、それらプロ集団を通じて、一般投資家はＲＥＩＴ（リート）＝不動産投資信託を購入したりするわけですが、こうした金融商品の利ザヤは、それほど「美味しいもの」ではありません。投資の妙味、醍醐味という点では、非常に「薄味」であるというのが、投資家の正直な感想ではないでしょうか。

さて、そこで「不動産投資」です。

金融指標・個別指標の分析によって、割安なものをあっという間に拾われてしまう金融商品に対して、投資対象としての不動産には、こうした指標がほとんど存在しません。

「路線価」があるじゃないかと言われるかもしれませんが、年に1回発表されるだけの路線価と、刻々と変化する日経平均のような金融指標を同一視することはできないでしょう。

また、路線価でその地域の大まかな価格傾向を掴めたとしても、個々のビルや土地といった物件は、先ほど見た「好み」といった多様かつ不確定な要因で、価格が上がったり下がったりするものです。その個々の物件の傾向を掴むための「個別指標」といったものは、不動産には存在しないのです。

それは何を意味するのでしょう？

個別指標がないため、不動産投資は、金融のプロでも割安の物をあぶりだすことが難しい、つまり、割安の物が拾われることなく残っている、ということになるのです。

不動産物件は「好み」が働いて価格が変動する

潜在的価値が高い「区分所有オフィス」

私どもの会社では創業当初から、いかに割安な不動産投資物件を探し出すかということに尽力してきました。

割安なものとは、要は誰も見向きもしない、人気のない物件ということです。こんなもの買って大丈夫なのかと思われるような不動産。「使用価値による好み」という観点で言えば、誰にも好まれない物件、嫌われている物件ということになります。

もちろん、「安かろう、悪かろう」では買う意味がありません。世間的には、人気がなく、放置され、嫌われている不動産であっても、私たちが編み出した独自の分析手法から言えば、非常に潜在価値の高い「隠れお宝物件」を、安い価格で手に入れていったのです。

このようなスタンスで物件購入を続けていくなかで、もっとも潜在的価値が高い不動産の種類として私どもが注目していったのが、現在、我が社の主力分野となっている、「区分所有オフィス」だったのです。

なぜ「区分所有オフィス」に着目したか？

不動産の「割高（＝人気）」「割安（＝人気薄）」を決定する要因として、ふたつのことが絡んでいると私は考えています。

ひとつは、前述した「使用価値による好み」。そしてもうひとつは、「ファイナンス」、つまり金融機関からの融資の問題です。当然、融資のつきやすい物件ほど人気になります。

一般に、ファイナンスがつきやすいのは分譲マンションなど、「住居系物件」です。反対に、「事業系物件」にはファイナンスがつきにくい傾向にあります。

理由は単純です。まず住居系は事業系に比べれば、単価が安く、物件数も多いので、売買の件数自体が多い。だから融資対象として好まれる。

また、住居の場合は、個人という非常に寿命の長い購入主体が存在するので、住宅ローンなどの融資を受けやすいが、企業の場合は、個人の寿命ほど長続きしないために（20年以上継続する企業は1％を切るというデータもあります）、ファイナンスがつきにくい。この二つの理由が考えられます。

融資がつきにくいとどうなるのかと言えば、当然、その「事業系不動産」は買い手が減ります。その結果、さらに人気がなくなっていくのです。

私が創業した当初、「区分所有オフィス」は、その不人気物件の最たるものでした。ほとんどジャンク物件として、捨て置かれていたような状況だったと言ってよいでしょう。

でも、そのとき、私は考えたのです。

本当に「事業系の区分」は、利用価値の薄い、ジャンクなんだろうか？　物件を「商材」としてのみ捉える不動産業界の論理から言えば、そうなるかもしれないが、投資の観点で捉え直した場合にはどうなのだろう？

それから私は、「区分所有オフィス」に関して、じっくりと考察と分析を重ねてきました。そうして出した結論は、これはジャンクどころか、実に妙味のある価値ある投資対象であるというものだったのです。

私がそう考えるに至った理由を、これからじっくりと紹介していきましょう。

区分所有オフィスは妙味のある価値ある投資対象

逆説的思考を持つ

ここで少し、私の投資スタンスの原点について触れさせていただきます。

先ほど、私は図らずも「不動産は投資の世界での異端児」という表現を用いましたが、この「異端児」という言葉は、私の物の見方、考え方を象徴していると感じています。

子どもの頃から私は、物事を「逆の視点から見る」「反対側から考える」傾向があったようです。ちょっと「ひねくれていた」と言ってもいいかもしれません。

先生が、親が、世間が、「白！」と言った場合にも、そのまま受け入れることはなく、「本当に白なのか？」と、立ち止まって考えるのが常でした。

そして、「黒の可能性はないのか？」、あるいは、「黒だとしたらどうなるだろう？」と、いわば仮説を立てて、物事を検証するのが好きでした。常識を疑う、常識に流されないスタンスと言ってもいいでしょう。

そして、検証の結果はと言うと、「黒」であったことが少なからずあったように思います。

今も基本的に、この姿勢は変わりません。そして、この逆説的な視点は、投資の世界では非常に役に立ってきたと自負しています。なぜなら、投資では、みんなと同じ方向を向いて、みんなと同じことを予想していては、決して成功の果実は得られないからです。

この本で私が述べていることにも、こうした私の視点、姿勢が色濃く反映されています。もしかしたら、「ひねくれてるな」「癖があるな」とお感じになるような記述もあるかもしれませんが、ぜひ最後まで読み通していただき、皆さんも「常識」とは違う視点で不動産投資を捉えられるようになっていただきたいと思います。

逆説的な視点・思考は投資の世界に役立つ

【第1章】

収益不動産がもたらす恩恵

収益不動産の保有が企業にもたらす恩恵とは

財務状況を不動産で改善

私の会社では、中小企業、あるいはその企業のオーナーさまをメインの顧客として、収益不動産の活用をご案内しています。

それは、中小企業の事業継続性を強化する上で、収益不動産への投資が、大きな「恩恵」をもたらしてくれると考えているからです。

では、その恩恵とは何でしょうか？　ひと言で言うならば、「収益不動産は企業の財務状況を改善してくれる」ということです。

ではどのような効果で、財務状況を改善してくれるのか。

具体的に挙げるならば、大きく分けて、次の4つになると思います。

・内部留保（純資産）の拡大に役立つ。

・効果的な貯蓄手段となる。

・スペースコストを削減してくれる。

・事業承継対策になる。

また法人ではなく、経営者個人に焦点を当てると、

・退職後のキャッシュフローを確保できる。

というメリットが見えてきます。

これらは、私が不動産のビジネスを始める前から経験値により実感していたことですが、このビジネスをスタートさせて以来、喜んでいただいたお客さまの声を数多く聞くに従い、「実感」から「確信」へと変わった「不動産投資のセオリー」なのです。

では、これらのメリットについて、順にご説明していきましょう。

収益不動産で「内部留保」を拡大する

内部留保拡大は企業の最重要課題

近頃、経済ニュースを見るにつけ、または経営者の話を聞くにつけ、「内部留保」という言葉に接する機会が多くなったように感じます。

欧州の企業に比べて、日本の企業は内部留保がきわめて厚い傾向にあるようです。

そのことから「企業は内部留保を切り崩して、非正規社員の待遇改善に充てるべきだ」という論調が沸騰したのは記憶に新しいところです。

しかし、大企業ならいざ知らず、そもそも中小企業にとっては、「日本企業は内部留保が厚い」と言われても、正直、実感がわかないのではないでしょうか。

「うちは内部留保なんてわずかしかない」という声が聞こえてきそうです。

では、ここで内部留保とは何かを、あらためておさらいしてみることにしましょう。「何を今さら。もう分かっているよ」という方は、読み飛ばしていただいてもかまいません。

内部留保とは、企業の純利益から税金、配当金、役員賞与など社外へ流出する分を差し引いた残りの額を言います。つまりは「儲けの蓄え分」です。

ただ、「内部留保」は会計用語ではないので、決算書上のどこを見てもこの言葉はありません。貸借対照表（バランスシートB／S）上は、純資産（自己資本）の部に「利益剰余金」などの名目で計上されます。また、通常は現金で残すだけではなく、事業への再投資に回されて、在庫、設備、建物など様々な形で企業内に存在しているものです。（B／Sの左側、固定資産・流動資産の部に、分散されて記載されます）

売上高が大きく、かつ原価や経費が抑えられて純利益が大きくなれば、当然、内部留保は拡大させることができます。

さらに、その内部留保を再投資に回して事業を拡大し、純利益を増大させていく

内部留保 ＝ 純利益 － 社外流出分

（税金、配当金、役員賞与・・）

賃借対照表
（バランスシート B/S）

資産の部	負債の部
流動資産	流動負債
固定資産	固定負債
繰延資産	**純資産の部（自己資本）**
	株主資本
	利益剰余金…
	新株予約権

内部留保の蓄積は
事業継続の源泉

ことで、ますます拡大できるでしょう。

内部留保を蓄積していくことは、事業継続性を高める大事な源泉になるのです。

また、退職金積立や経営者や従業員の保険などに充当すれば、福利厚生の充実や節税効果も期待できるでしょう。

内部留保の拡大で「変化」への対応が可能に

さらに内部留保は、企業の信頼性を高める上で、とても大きな意味を持ちます。

売掛金、買掛金、手形取引といった、日本で一般的な商慣行が成立するのは、取引企業間の「信頼」があればこそです。

内部留保の蓄積が大きければ、何か環境の変化が生じた際に、これを用いて設備新設や新製品開発などの投資を行い、環境変化に対応することができます。

こうした企業は安定性が抜群とみなされ、当然、信頼も厚くなります。自社のステータスは向上し、ビジネスチャンスが拡大していくでしょう。

金融機関に対しても、与信《よしん》を拡大することができるので、融資も受けやすくなります。

以上見てきたように、内部留保拡大は「企業の最重要課題」だと言っていいと思います。多くの企業が、その拡大に躍起になるのも当然なのです。

本業に連動しない収益エンジンの構築

しかし一方で、企業にとって内部留保を拡大していくことは、なかなか容易ではないというのも事実です。

企業が進める「売上↓純利益↓内部留保」といった事業のメインストリームは、景気の変動や市場変化、不測の事態といった外部要因によって大きくぶれる可能性があるからです。

市場環境が急激に変化したせいで、思ったように内部留保が蓄えられなかった経験を企業経営者の皆さんは少なからずお持ちなのではないでしょうか。

では、どうすればいいのか?

本業で拡大できないならば、本業に連動しない収益源を構築すればいいのです。

そこで浮上するのが、「収益不動産の活用」です。

～内部留保の拡大～

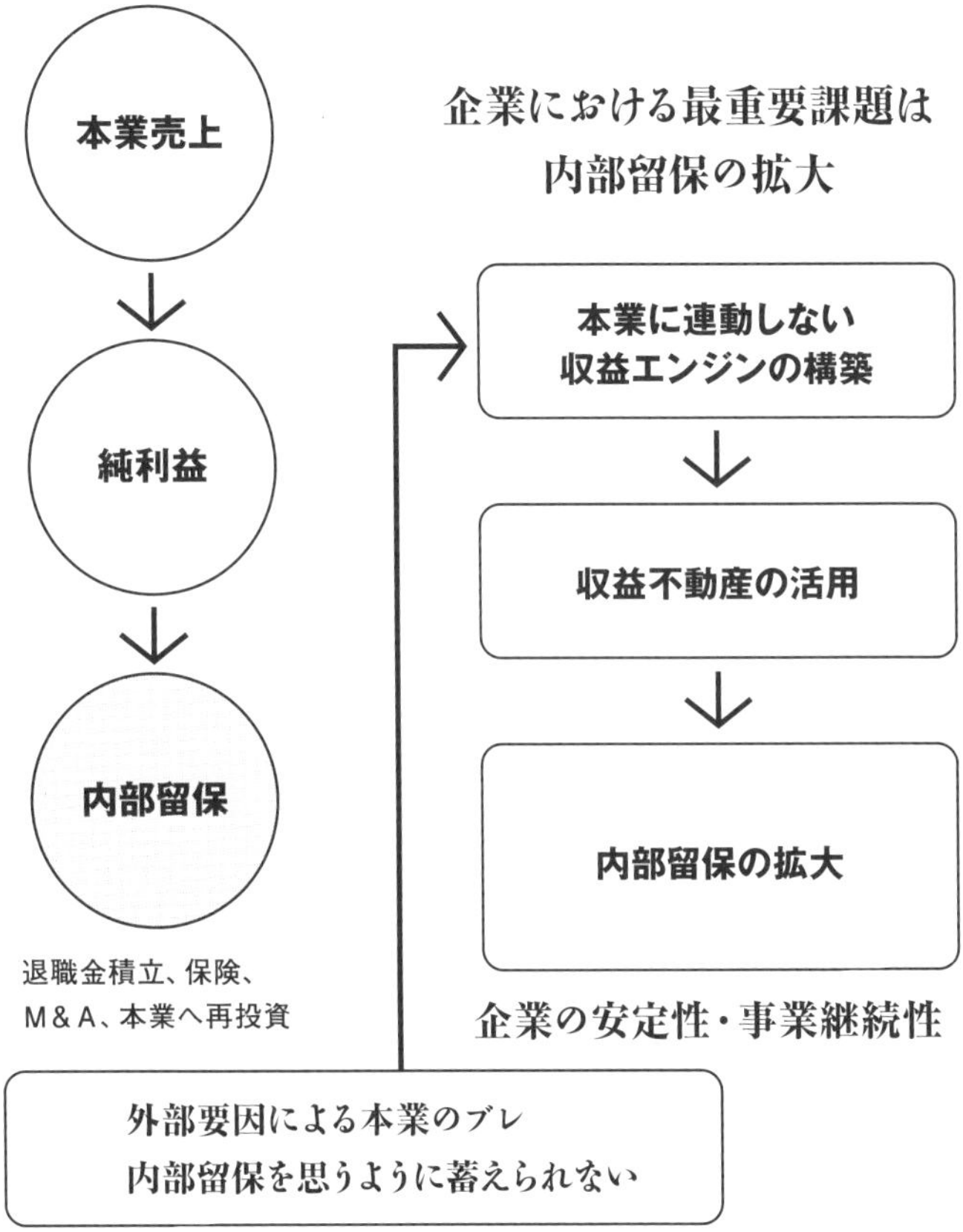
本業売上
純利益
内部留保
退職金積立、保険、
M＆A、本業へ再投資
企業における最重要課題は
内部留保の拡大
本業に連動しない
収益エンジンの構築
収益不動産の活用
内部留保の拡大
企業の安定性・事業継続性
外部要因による本業のブレ
内部留保を思うように蓄えられない

本業で構築できた内部留保を、すべて本業の再投資に用いるのではなく、一部を不動産（収益不動産）の運営に回すということです。そして、その不動産で得た賃貸収入を、さらなる内部留保の構築のために使います。

こうしておけば、もし何らかの要因で本業の業績が上がらず、思うように内部留保が獲得できなくなったとしても、収益不動産からの定期的な賃貸収入によって、安定して蓄積していくことができるでしょう。

「効率的な貯蓄」としての不動産投資

不動産投資より貯金のほうがいい？

収益不動産を活用することが、内部留保の拡大に大きく貢献することをご理解いただけたでしょうか。しかし、それでもこう考える人もいるかもしれません。

「賃貸不動産を購入する余裕などうちの会社にはない。そんなことに投資するよりも貯金を増やしたほうが確実だ」

つまり、下手に賃貸不動産という固定資産を持つより、現金資産で内部留保を持つほうが安心だという考え方です。このような声に対する私の答えは明快です。

「不動産投資というのは、非常に効率的な〝貯蓄〟だと言える」

そう、不動産投資とは何であるかを突き詰めたとき、ごくシンプルに、それは「貯蓄」である、しかも、ただ現金を貯蓄するよりもずっと効率のよい貯蓄である、というのが私の考え方です。どういうことか、順をおってご説明しましょう。

【現金で2億円貯める場合】

まず、皆さんが2億円を現金で貯める場合を考えてみてください。(左図参照)

年間売上が10億円の企業を想定します。利益率1~2%だとして、税引き前の利益は1720万円としましょう。42%の法人税を引くと1000万円の利益となります。

この1000万円を1年分として積み立てていきます。20年間貯めていけば、2億円です。月に換算すれば約84万円。つまり、240か月の間、ひたすら84万円ずつ貯めていくと、やっと2億円が貯まります。

企業がこのように現金で貯める場合、バランスシート上の利益剰余金ということで計上されることになるでしょう。

【現金で2億円 貯める場合】

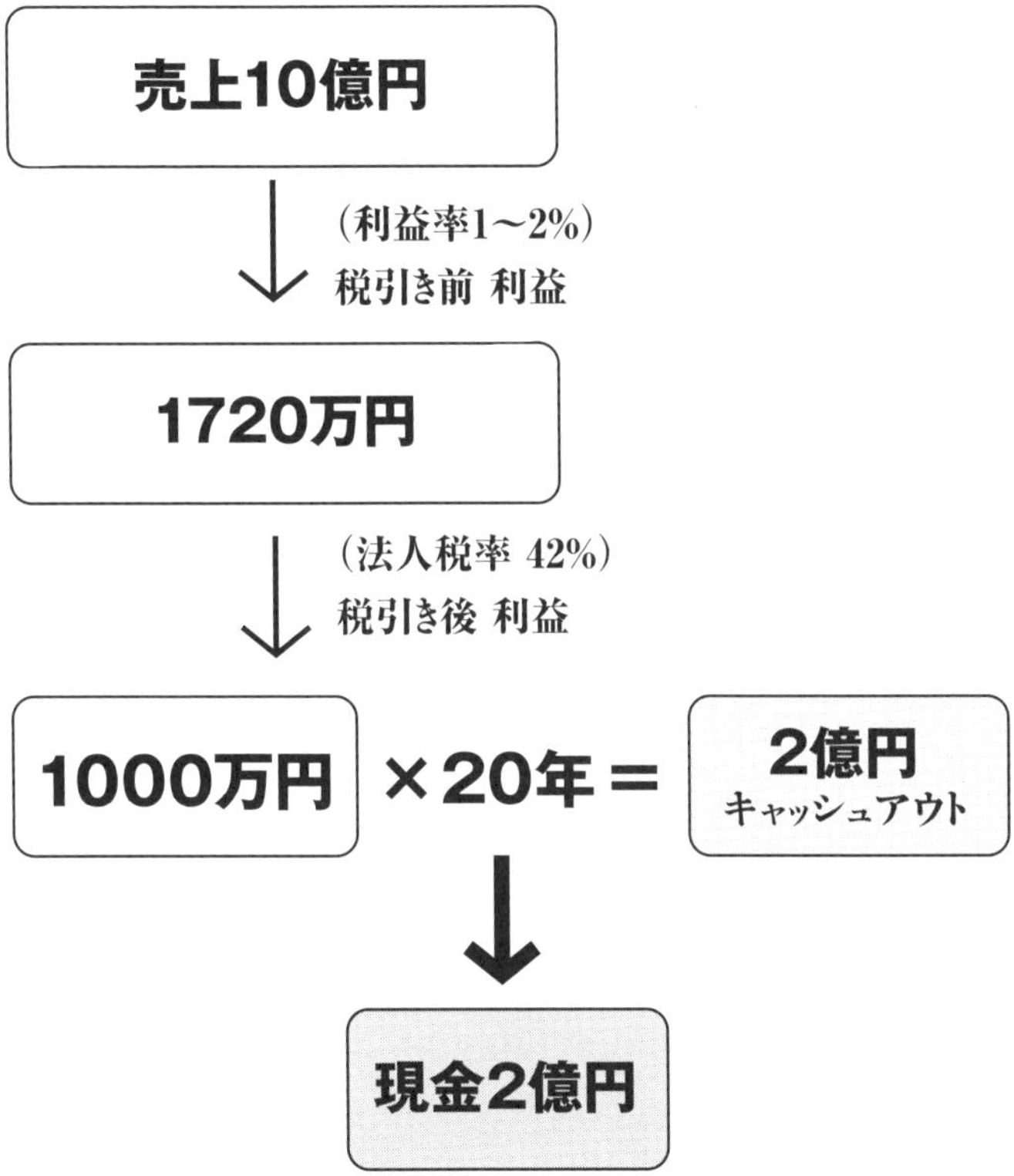

また、経営者が個人として、老後の蓄えをコツコツ貯めていくというのもよくあることです。

要は、法人であろうと個人であろうと、皆さんが2億円拠出《きょしゅつ》するから、2億円が貯まる。1円も借金はしていませんし、ある意味、非常にスッキリしています。

この「スッキリ」しているということが、多くの人が、貯金は「安心」「確実」と考える理由なのかもしれません。

また、月々一定額を拠出するということでは、「保険」を活用している人も多いのではないでしょうか。

満了時に満期保険金が出たり、解約したときに返戻金があるような貯蓄性の高い保険に加入することで、現金を貯蓄したのと同じような安心感を求めるケースです。

この場合、2億円拠出したらそのまま2億円が手元に戻るわけではないので、現金の貯金ほどスッキリとはいきませんが、その分、いざというときの保障という安心感が得られるわけですから、満足なのかもしれません。

【不動産で2億円の資産をつくる場合】

では次に、現金で2億円を貯めるのではなく、2億円の不動産を購入するケースを考えてみましょう。

先ほども触れましたように、これは単純な「買い物」ではなくて、「効果的な貯金」であるというのが重要なポイントですから、それを念頭にお読みください。

このケースでは、現金の貯金とは違い「借入金」を利用します。

まず、自己資金から6000万円を頭金として払い、残りの1億4000万円は借り入れることにします。これで2億円の収益不動産を手に入れました。

さて、1億4000万円の借入条件ですが、期間20年で金利2%の元利均等返済というのが妥当な線でしょう。この金利が乗った月々の返済金額は、およそ70万円です。

つまり、20年間で拠出する額は、6000万円の頭金、プラス月々70万円返済の

20年分＝1億6800万円。合計すると、2億2800万円となるはずです。

6000万円＋1億6800万円＝2億2800万円・・・20年間の拠出額

2億円の現金を貯金したときと比べれば、2800万円多く払うことになりました。

では、現金の貯金に比べて収益不動産への投資は2800万円分、まるまる損なのでしょうか？

そんなことはありませんね。なぜなら、収益不動産を手に入れたことによって、「賃貸収入」というものが入ってくるわけですから。

その収入分を計算してみましょう。

東京地区での現在の平均的な賃貸利回りは6％ぐらいでしょうか。（賃貸の利回りとは、物件の購入価格に対して年何％の収入が見込めるかということです）

この利回りで計算すると、年間の賃料収入は1200万円（月賃料100万円）です。

ただ不動産には管理費というものがかかりますから、これを差し引かなければなりません。

管理費を400万円として、1200万円マイナス400万円で「800万円」が年間の賃料収入です。

1200万円－400万円＝800万円・・・年間の賃料収入

20年間分の賃料収入は、

800万円×20年＝1億6000万円

では、20年間の支出総額から、20年間の賃料収入を引いてみましょう。

2億2800万円－1億6000万円＝6800万円

6800万円。これが20年間で実質的に支出する額となります。

6800万円の支出で、2億円の不動産資産を持つことができたということです。

2億円入れて2億円貯まる現金貯金に比べて得だと思いませんか？　収益不動産への投資は効率的な貯蓄であると私が言ったのは、こういう意味だったのです。

【2億円の不動産資産を貯める場合】

自己資金　6000万円
借入金　1億4000万円

借入条件	賃料収入　利回り6%
借入金額1億4000万円 期間20年 借入金利2.0% 元利均等返済	賃料収入　1200万円/年 管理コスト　▲400万円/年 ――――― 800万円/年

◎20年間で返済する額

70万円×12か月×20年　▲1億6800万円
＋　頭金　▲　6000万円
―――――
▲2億2800万円

◎20年間の賃料収入

800万円　×　20年　＝　1億6000万円

差額　▲6800万円

2億円の不動産

不動産の価値は下がり、お金の価値は下がらない？

不動産の保有は、現金の貯金に比較して魅力的な貯蓄方法です。

ただ、それでもまだ安心できないという人もいるのではないでしょうか？ いわく、不動産には「値下がりリスク」というものがつきものである、と。

「現金は価値が下がることはないが、不動産の場合、老朽化したり、路線価が変動したりして、価値が下がる」

「1億で買っても長く持てば持つほど、価格は目減りする。賃料も下げざるをえない」……。

でも、果たしてこれは本当でしょうか？

バブル崩壊後、「失われた20年」という言い方がされ、その間の不動産価格は大きく下落したと言われます。

確かにバブル期の高騰ぶりに比べれば、随分低くなっていますが、それは適正な価格に落ち着いたということであり、日本の不動産価値が軒並み、劇的に下落したわけではないでしょう。

逆に、お金の価値は、確実に下がったと言えます。貨幣価値というのは、どの国においても、長期スパンで見れば必ず下がるものなのです。

考えてみてください。日本でも40年前と現在の初任給では、だいぶ違いますよね。ラーメンの値段も、タクシーの初乗り運賃も、かなり違うはずです。

どういうことかと言うと、数十年の間には「インフレ」が必ず訪れるので、お金の価値は必ず下がるのです。

日本は長い間デフレでしたから、インフレと言われてもピンとこないかもしれませんが、インフレによる貨幣価値下落はどこの国でも起こりうることです。特に経済破綻《はたん》を起こしたりすると、お金の価値は、恐ろしいくらいに下落します。

例えば、一時期のジンバブエではインフレ率が2億%などということがありました。お金の価値が紙くず同然になってしまったんです。まさかこんなことは日本では起こらないと思いますが、お金の価値が永遠に変わらないなどというのは幻想です。

グローバル経済が極度に進んだ現在、他国の経済危機のあおりを受け、自国の貨幣価値がどん底まで下がるという事態も想定できないでもありません。

それに比べれば実物資産である不動産は、どのような経済状況になっても、そこに土地があり、建物がある限り、利用価値がゼロになることはないでしょう。

この点でも、現金での貯蓄よりも、収益不動産を活用した「貯蓄」のほうが有利だと言えます。

実物資産である不動産は利用価値がなくならない

スペースコストの削減

「自社ビル」「自社オフィス」は有利なのか？

現在、東京にある法人全体のなかで、自社ビルを持つことができている企業は、いったいどれぐらいあるでしょう？　おそらく1割にも満たないと思います。

それ以外の9割の会社は、すべてオフィスを「借りている」ということになります。

「こっちが借りている立場なんだから、他社に貸すビルを持つ余裕なんかない」

「賃貸ビルを買うぐらいなら、その前に自社ビルを買う」

多くの企業経営者がそう考えたとしても、無理はないかもしれません。

それでも私は、現在オフィスを借りているような中小企業の皆さんに、収益不動産の保有を強くお勧めします。

そのことを詳しく説明する前に、まずオフィスを「借りる」場合と、自社オフィスを「購入する」場合とを比較してみましょう。

現在、日本の会社の売上高に対する経常利益率は、1社当たり平均で2%ぐらいしか出せていないのではないでしょうか。

例えば、6億円売る企業であっても、経常利益はせいぜい年1200万円というのが外れていないレベルだと思います。そのような企業を想定してみます。

まず、この企業がオフィスを借りている場合、オフィス賃料は月100万円程度でしょう。年間の支払は1200万円。

つまり、経常利益とほぼ同じぐらいの額をオフィス賃料に払わなければならないということです。仮に20年間賃料が同じだとして、その間に払う額は2億4000万円。すべて外部流出コスト。手元にはいっさい残らず還流もしません。

損益計算書（P／L）では、この2億4000万円が、すべて▲と計上されます。

つまり、オフィスを賃貸する場合は、バランスシート上の内部留保はゼロとなります。

一方、仮に今、賃貸しているオフィスを購入できた場合のコストは？

現在の市場環境では、仮に17年借り続けた場合の家賃総額が、その物件の購入金額になると言われています。また、東京のオフィス利回りは概ね６％。年間賃料収入を利回りで割り戻したものが、物件価格になるとも言われます。

家賃１００万円レベルのオフィスを買うとすれば、購入価格は、およそ2億円（１００万円×12か月×17年）になります。

２億円全額借入だとすると、金利２％、20年返済で、返済総額は2億４２４０万円。

2億円がオフィスの価格で、４２４０万円が利息支払です。

これをバランスシートで考えると、購入した2億円のオフィスはまるまる内部留保として扱われます。利息支払４２４０万円の▲だけが、損益計算書（Ｐ／Ｌ）に計上されることになります。

借りる場合の支出が2億４０００万円、購入する場合の支出が４２４０万円。支出の差額は1億９７６０万円。自社オフィスを購入するほうが、財務上はるかに有利です。

だったら、現在借りている賃貸オフィスを買えばいいじゃないか、ということに

～スペースコストの削減～

賃貸コスト

家賃100万円/月の場合

賃料100万円/月 × 12ヶ月 = 1200万円

1200万円/年 × 20年 = 2億4000万円

すべて外部流出コスト

自社ビルコスト

購入金額
およそ17年分の家賃収入相当
（利回り6%）

賃料100万/月 = 約2億円の不動産

仮に20 年返済 金利2.0%
全額借入で購入すると

返済金額▲ 約101万円/月

101万円×240ヶ月（20年）= 2億4240万円

内訳:
元本返済=2億円（内部留保）
利息支払=4240万円

賃貸と自社保有の20 年間での財務効果比較

借りる　：P/L ▲2億4000万円

購入する ：P/L ▲4240万円

差額：1億9760万円
約2億円の財務差（内部留保差）が生じる

なりますが、そう易々と買えるものではありませんね。仮に買うだけの資金的余裕があったとしても、そもそも賃貸オフィスですから、オーナーが簡単に売ってくれるとは考えにくいでしょう。

収益不動産保有でスペースコストを相殺

賃料はすべて外部流出となることは分かっているけれど、賃貸オフィスのままで我慢しているというのが多くの企業の現状だと思われます。

では、現在年間1200万円の賃料を払ってオフィスを借りているA社が、そのオフィスとは別に、収益不動産を購入するとしたらどうでしょうか。

この物件から得られる賃貸収益で、自社が使用しているオフィス賃料を相殺することができるのです。もし、自社の賃料よりも高めの額を設定できれば、相殺どころかプラスを出すことも可能でしょう。

つまりは、自社ビルを購入したのと同等の、あるいはそれ以上の財務効果を得ることができます。

この収益不動産はもちろん、バランスシート上、内部留保です。しかも、この内部留保は、自社ビル、自社オフィスの場合と違い、本業とは連動していませんから売却が可能（容易）です。

つまり、現金化して、投資へ回すことができるのです。

収益不動産を持つことは、自社ビル、自社オフィスを持つことよりも、フレキシブルな対応が可能だということです。

発想の転換をして、「賃貸収入で賃貸コストを相殺する」ということに着眼すれば、そこから得られる恩恵が思いのほか大きいことがお分かりかと思います。

さて、この例で言えば、２億円相当の買い物をするわけですから、どういう物件を購入するのかは大きなポイントになります。

選択肢は、ふたつあるでしょう。小さくても「１棟」のビルを買うか、やや大きめのビルのワンフロアを「区分」で買うか――。

私は迷わず「区分」で買うことをお勧めします。その理由はおいおいご説明していきましょう。

環境変化へのフレキシブルな対応が可能

事業承継対策

売却可能資産をいかに持つか

本業とは連動しない、売却可能な収益不動産を持つことでフレキシブルな資金調達ができるという話をしましたが、これは「事業承継対策」にも大きく関わってくることです。

自社ビルの例でも見たように、純資産に計上される内部留保をすべて現金で持っているという企業は少ないでしょう。様々な資産（土地・建物、機械、在庫など）に形を変えて企業内に存在していることのほうが多いものです。

例えば、設備拡充のために利益剰余金の1億円を工場建設に充てれば、新工場という固定資産で1億円分の内部留保を持っているということになります。

しかし、この新工場は事業に不可欠なものですから、売却などできません。急に現金が必要になったから、工場を売って現金を用意するなどというのは無理な話です。そんなことをしたら、たちまち事業がストップしてしまいます。

どんなに純資産が1000億円、1兆円あろうとも、その純資産が、自社工場や、自社ビルであった場合、換金することによって本業が止まってしまいますから、資金としては活用できないということになります。

これでは、絶対に開けることのできない金庫にお金を入れているようなものですね。中に大金が入っていることが分かっていても、そのお金は絶対に使うことができません。

ですから、売却可能資産がどれだけあるかということが重要になってくるのです。

例えば、先代の経営者が亡くなり、その息子あるいは娘へ事業が引き継がれる場合、納税の問題が重くのしかかってきます。

非上場株式に係る相続税などを納めるために現金が必要になり、資産を売却しなければならなくなったということはよくあります。

しかし、その資産が工場であったり、自社ビルであったり、要は事業継続のためには、絶対に売却できないような資産ばかりだとしたら、お手上げです。

それでも納税しないわけにはいかず、泣く泣く売り払い、結果、先代が苦労して築き上げた会社が消滅してしまった……という悲惨な例も少なくないのです。

やはり、事業承継のためには本業と連動しない資産を用意しておくことが大事です。そのためには、切り売りが可能で、流動性の高い不動産資産の複数保有が最適なのです。

また、収益不動産を借入によって取得した場合は、バランスシート上の負債の部には借入金額を計上し、資産の部には購入金額を下回る「固定資産税評価額」を計上できます。

そのため純資産を圧縮できるので、自社株式の評価額を引き下げることができるメリットもあるのです。(左図参照)

切り売り可能な流動性の高い不動産資産の複数保有

賃借対照表
(バランスシート B/S)

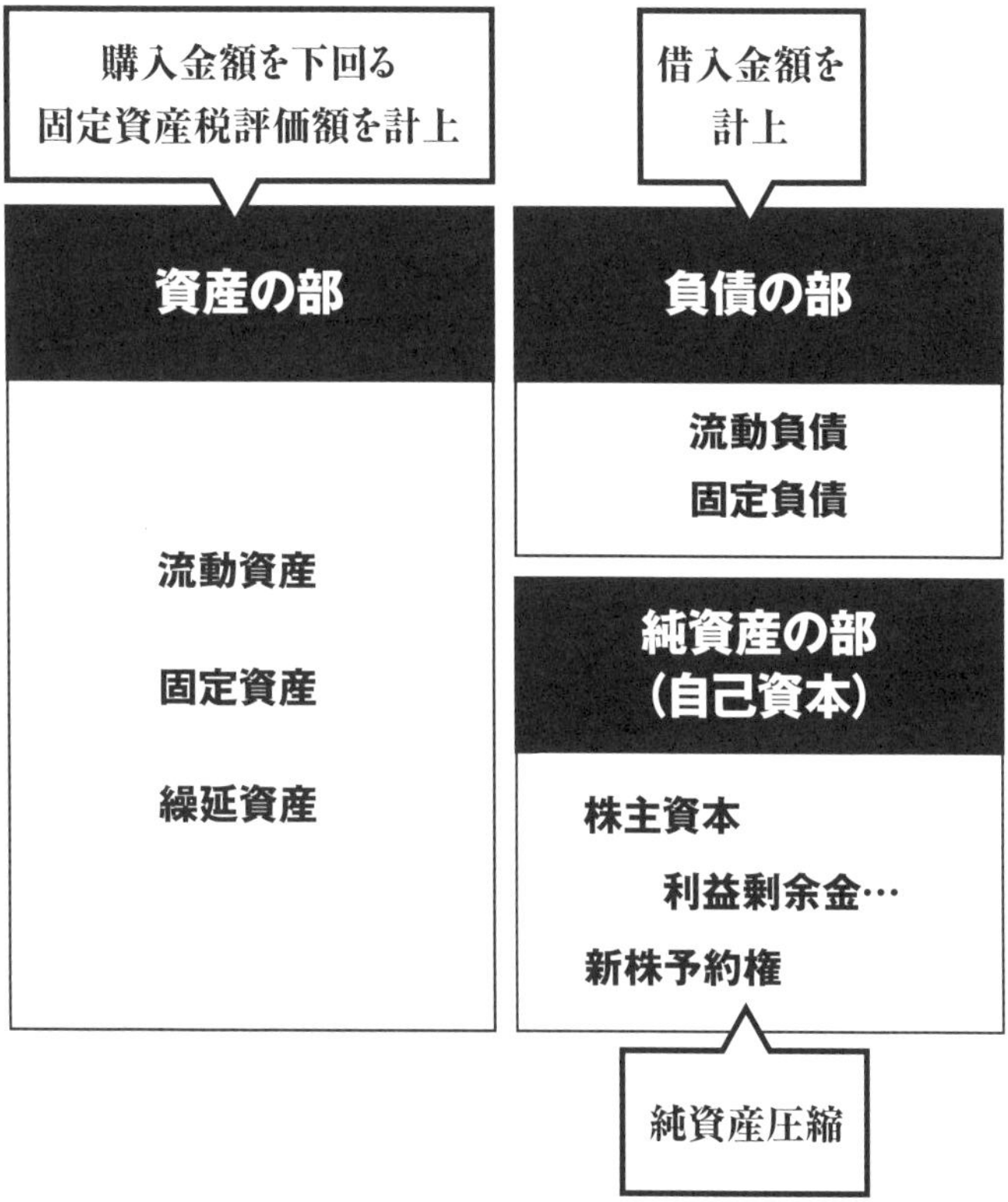

退職金の構築とリタイア後のキャッシュフロー

リタイア後、キャッシュフローが悪化

中小企業の経営者の場合、現役でバリバリ稼いでいる間は高収入であっても、勇退した後、たちまち収入が激減してしまうという例をよく見ます。

ビジネスパーソンであれば、退職しても年金が出ますし、退職金もそれなりに手厚いものです。

その点、中小企業経営者は不利です。役員退職慰労金を用意したとしても、やはり大企業の退職金に比べると、ささやかな額であったりします。

経営者保険などを利用してリタイア後の生活資金を用意しようとしても、事業の

資金繰りで使ってしまい、「さあ、老後を楽しもう」というときには、ほとんど残っていないという例も少なくないでしょう。

現役時にはしっかり流れていたキャッシュフローが、引退と同時にばったりと止まってしまうというのではあまりに悲しすぎます。

収益不動産でハッピーリタイアメントを実現

経営者として一線で働いて、そこそこの高所得を得られる期間というのは、意外と短いものです。

創業社長ですと、苦労して会社を大きくして、何とか高所得が取れるようになったと思ったら、もう引退というケースもよくあることです。

それに比べ、長寿化が進む現在、リタイアしてからの人生は結構長いと思います。

余生を楽しむためにはもちろんですが、病気で倒れて治療や介護が必要になってしまったときのためにも、リタイア後の十分なキャッシュフローを用意することは不可欠です。

収益不動産で
退職後の安定収入確保

その点、収益不動産を保有していれば、退職時に毎月の安定収入が安心感を生みますから、幸福度は俄然高くなるでしょう。

長寿企業の多くが収益不動産の恩恵に与っている

「内部留保の拡大」「効率的な貯蓄」「スペースコストの削減」「事業承継対策」「退職後のキャッシュフローの確保」という5つの観点で、収益不動産保有の意義を見てきました。

今、日本の企業を見わたしてみると、本業のかたわら不動産賃貸業を営むことで本業利益の下支えをしているというケースが実に目立ちます。

例えば、都内にある放送事業者。不動産を多数所有し、潤沢な賃料収入のおかげでとても安定しています。

概ね、100年単位の長期にわたり存続している老舗企業で、不動産を保有していないケースは皆無に近いのではないでしょうか。

そんな企業と一緒にしないでくれと言われそうですが、基本的な構造は同じです。

「本業とは連動しない収益不動産を持つことが、本業の安定に寄与する」

収益不動産がもたらす恩恵は計り知れないのです。

収益不動産が本業の安定に寄与する

【第2章】

今こそ、不動産投資のチャンス

イールドスプレッドで見る不動産の優位性

各国のイールドスプレッド比較

不動産を保有するタイミングというのは、投資戦略上、非常に重要です。では、いつが買いの時期なのか。私は「今」こそ、そのタイミングだと思います。

「今」では曖昧すぎるでしょうか。もっと具体的に言うなら、2020年の東京オリンピック開催を控えたここ数年、2～3年のうちが不動産を買うには最適の時期だと考えています。

オリンピックについては後に触れるとして、まずは、私が「今こそ買い」と考える根拠を、「イールドスプレッド」を見ながら検証していきたいと思います。

「イールドスプレッド」とは、不動産利回りと借入金利及び長期金利との差を表す指標のことです。基本的に投資家が不動産を買う場合、不動産運用による利回りのほうが、購入資金調達の借入金利を上回れば、投資効率が良いということになります。

そのことを念頭に、まず、世界の主要国のイールドスプレッドを見てみましょう。現在、米国のイールドスプレッドはプラス0・1％。イギリスはプラス0・3％です。これぐらいであれば、不動産利回りと借入金利のバランスは取れている、通常の範囲だと言えます。(次頁図参照)

かたや、香港やブラジルは借入金利が不動産利回りを大きく上回り、かつての日本のバブル期に近い状態。

こういう時期に、その国に不動産投資をするのはキャッシュフロー的にも非常にリスクが高いと言わざるをえません。しかし、えてしてこういう国では不動産への投資熱が高まるものです。

～イールドスプレッド(海外)～
(2013年12月)

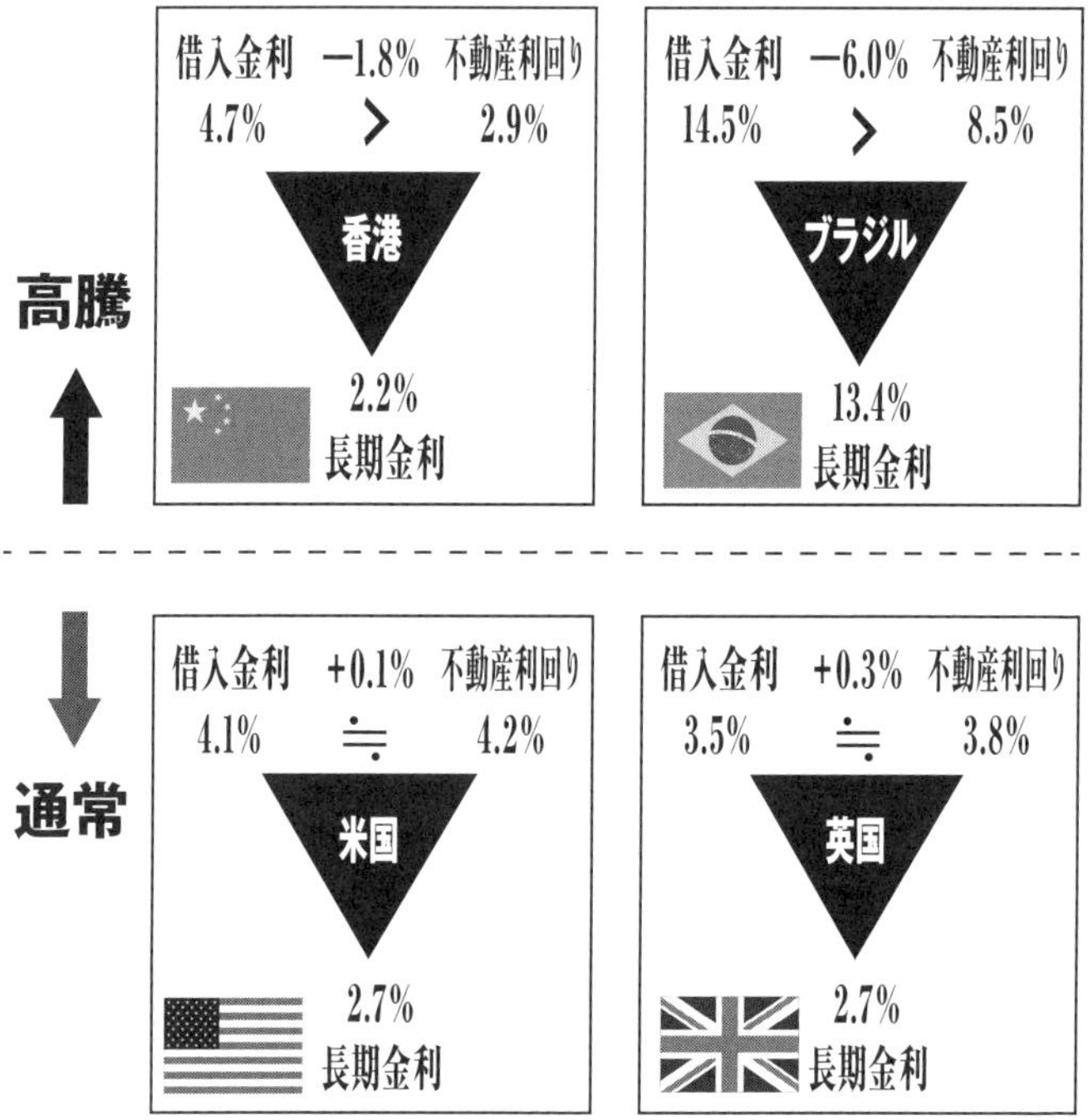

出所：国際投信投資顧問、ジョーンズラングラサール等のデータをもとに作成

バブル期と現在のイールドスプレッド比較

では次に、日本のイールドスプレッドに目を転じてみましょう。まず、バブル期と現在とのイールドスプレッドの差を見てください。(次頁図参照)

バブルの頃、借入金利が8%にも達していたのに対して、不動産利回りは2%。不動産利回りが借入金利を実に6ポイントも下回るという状況でした。「地上げ地上げ」で土地の価格が異常に高騰していましたから、不動産利回りが低くなるのは当然です。

それに対して、現在はと言うと、借入金利2%に対して、不動産利回りは約6%あります。不動産利回りが優位にあり、イールドスプレッドは4ポイントもプラスに開いているということになります。

現在の日本のイールドスプレッドを、アメリカのイールドスプレッドと比較してみても、日本の方が有利であることが分かります。

今後、日本の景気が回復するに従い、この傾向はますます顕著になるでしょう。

今、日本のイールドスプレッドは歴史上最も開いている

〜イールドスプレッド（日本）〜

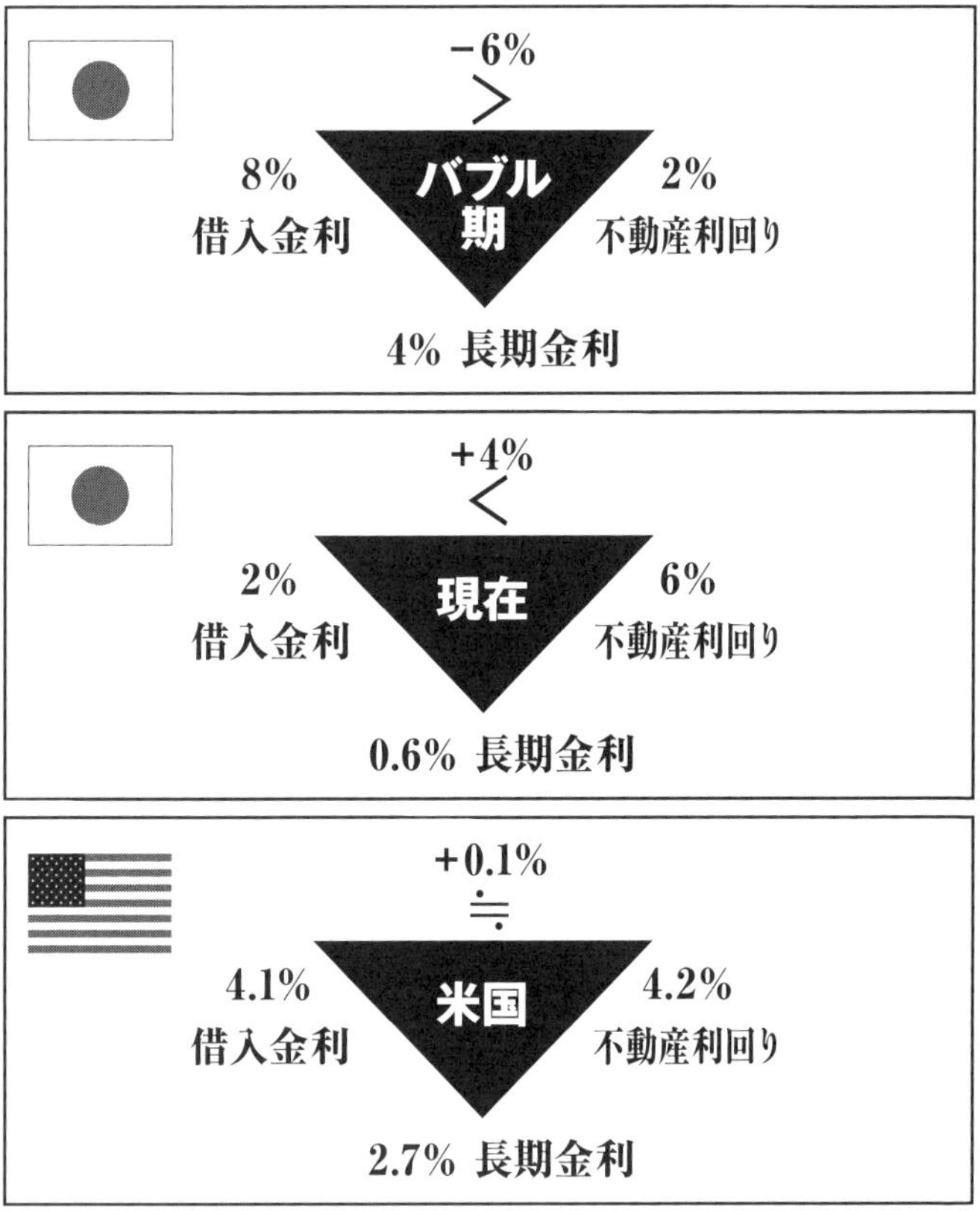

出所：日本銀行のデータをもとに作成

世界のなかでも、今、日本、特に東京は、不動産利回りがキャッシュフローという観点で非常に安定しており、不動産投資に最適な時期にあるのは間違いないと思います。

理論的な数値だけでは実感がわかないかもしれません。

実際に不動産を購入したとして、バブル期と現在とでは、どれぐらいキャッシュフローの差が出るのかをシミュレートしてみましょう。

月100万円、年間1200万円の賃料を取れる物件で考えてみます。

バブルの頃、不動産利回りが2%でしたから、この物件は6億円していたことになります。

1200万円　÷　0.02　＝　6億円

この6億円の購入資金を、8%金利の20年ローンで借り入れるとすると、月々の返済額は約500万円です。

家賃収入は月100万円なので、毎月のキャッシュフローはマイナス400万円。

なんと、年間4800万円のマイナスが出てしまいます。

現在はと言うと、同じ賃料を取れる物件は、利回り6％だとすると、2億円ということになります。バブルのときの3分の1の価格で買えるわけです。

1200万円　÷　0.06　＝　2億円

返済に関しては、2％の金利の20年ローンだとして、月々の返済額は約100万円。

家賃収入の100万円でほぼ相殺でき、キャッシュフローはイーブンの状態です。

つまり、ほとんど負担なしに2億円の物件が持てるということになります。

同じ賃料月100万円という条件で現在の米国でもシミュレートしてみると、

1200万円　÷　0.042　＝　2億8500万円

現在の日本より物件価格は高くなりますね。キャッシュフローは75万円のマイナスです。

今の日本が、どれだけ収益不動産を購入するのに適した状況であるか、ご理解いただけたかと思います。

〜イールドスプレッド(日本)〜

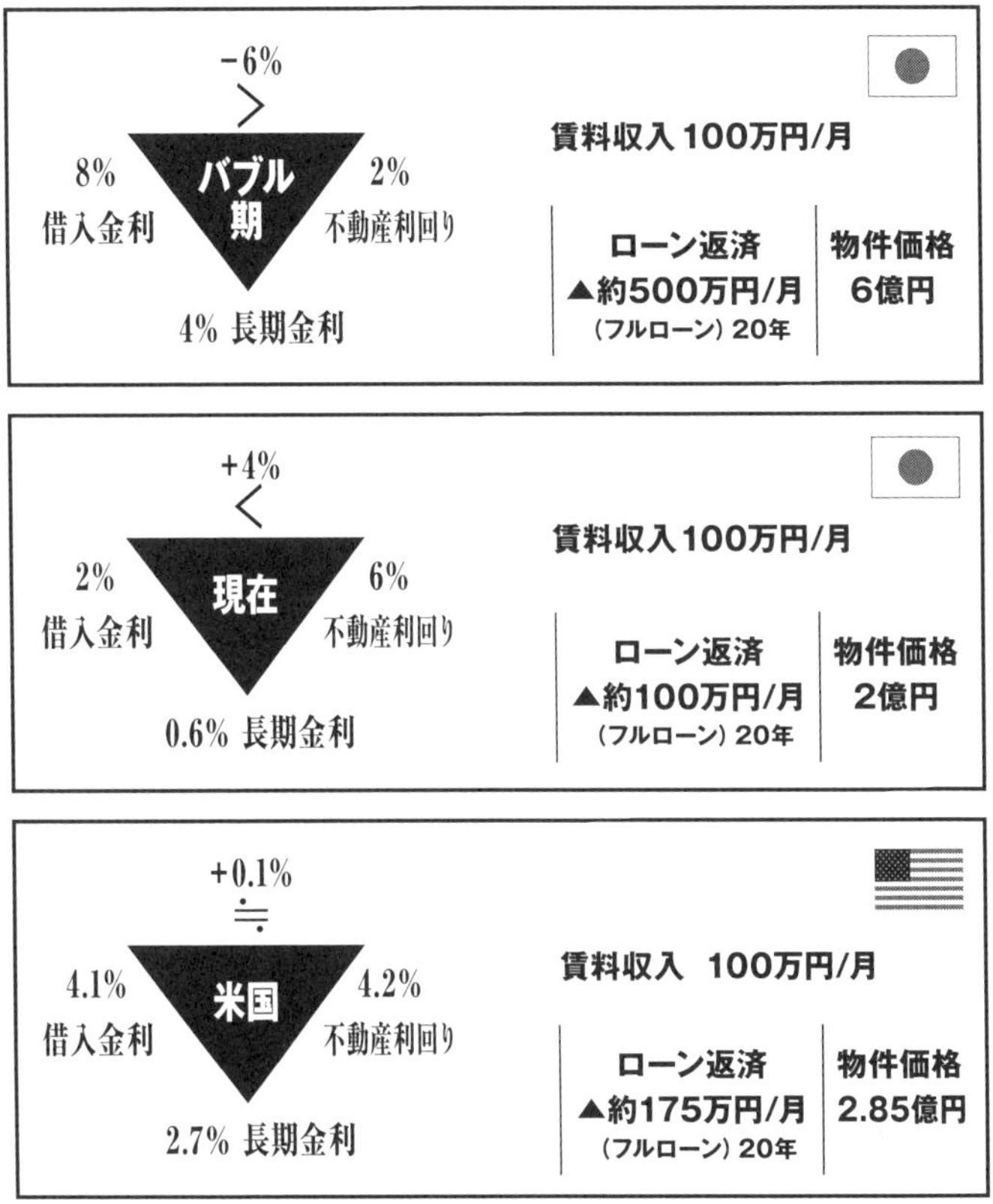

出所：日本銀行のデータをもとに作成

おそらく不動産利回りと借入金利とのイールドスプレッドが、現在の日本ほどプラスに開いた時代というのは、先進国の歴史上なかったことでしょう。

逆に、先進国の歴史のなかでもっともマイナスだったと思われるのが、日本のバブル期です。不動産利回りが、借入金利よりも長期金利（10年物国債）よりも下にきていました。

ちなみに、人々がどうしてあんなリスクを抱えてまで不動産買いに走ったのかというと、6億円という高額物件でも、わずか1年後には、その2倍になると言うようなことがよくあったからなのです。

「東京一極集中」の時代

オリンピックが株価を押し上げるという事実

さて、ここでオリンピックの話をしたいと思います。過去6大会の各国のオリンピックを見ると、招致決定から開催日まで、株価が下がった国はないという事実があります。

そして、東京。おそらく、次頁のグラフにあるどの国のどの都市よりも、今の東京はファンダメンタルズ（経済安定条件）が優れているはずです。であれば、東京オリンピックが、株式市場や、不動産市場を活性化させないはずがないと私は思っています。

2000年シドニー五輪

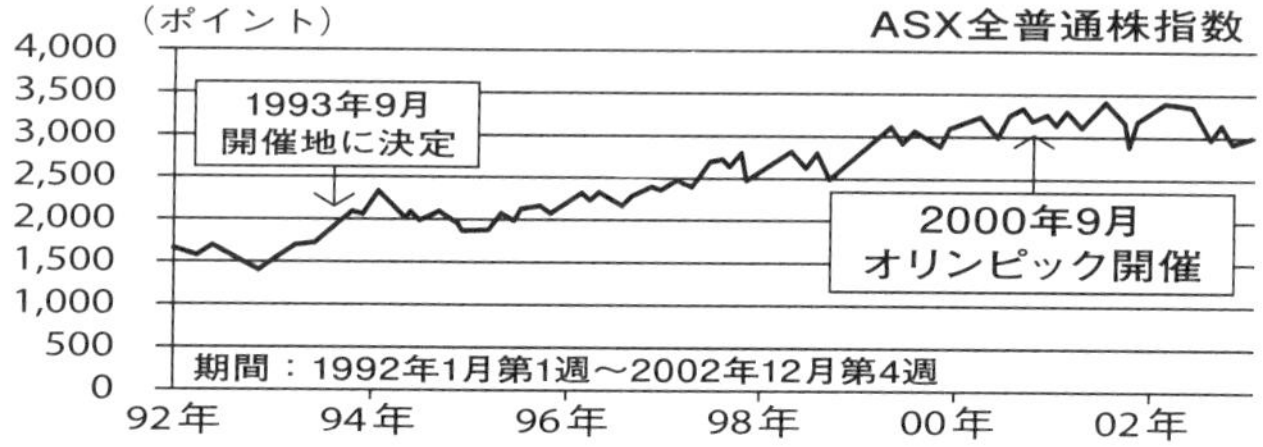

2008年北京五輪

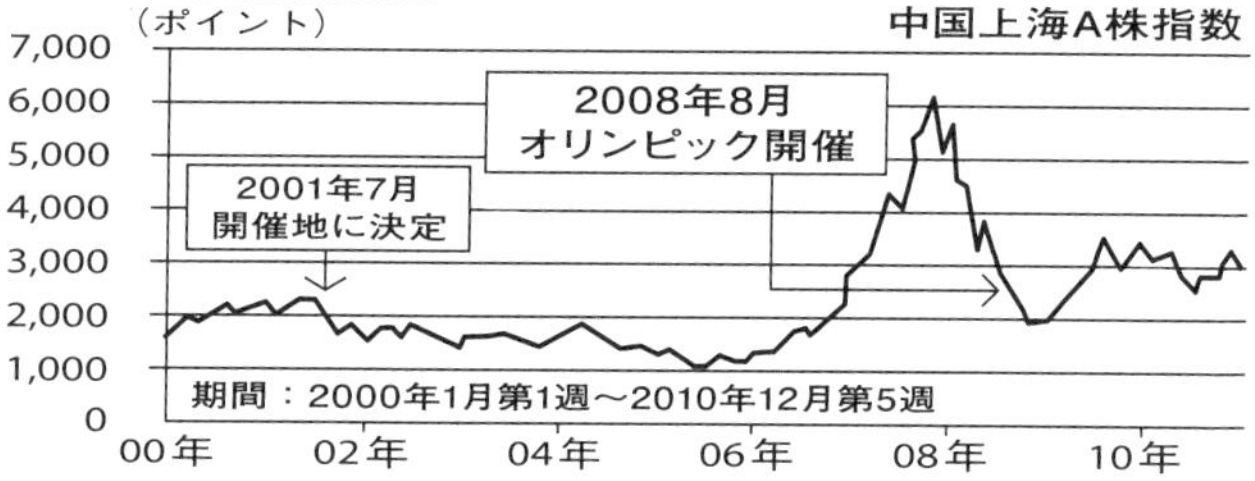

出所：日興アセットマネジメント
日興AMファンドアカデミーマーケットシリーズ
楽読 vol.701(2013 年 8 月 21 日) のデータを抜粋

〜オリンピックと株の関係〜

1996年アトランタ五輪

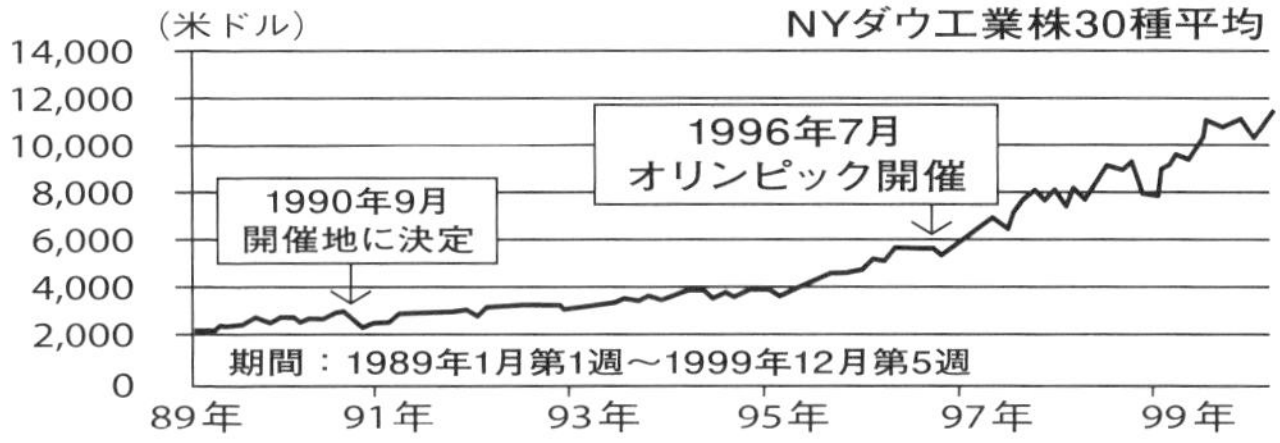

2004年アテネ五輪

2012年ロンドン五輪

それは何も、インフラがどうの、公共工事がどうのというだけではありません。大きいのはマインドです。相場というのはマインドがつくりあげるものですから。オリンピックは好景気へ向かうためのマインドセットに使われるだけで、オリンピックそれ自体が好況をつくりあげるわけではないのです。

根本には、日本経済の地道な回復作業によって、個人、企業、政治、財政がトータルに改善されていくという流れがあります。そのスイッチを、オリンピックが押すということです。

ダイナミックに変わる東京

バブル時代は不動産投資が花盛りでした。その頃は、沖縄のリゾート地、あるいは北海道の原野にさえ、不動産投資のお金が回っていました。

バブル崩壊後も各地の土地開発は進み、現在までに日本全国のインフラ整備はひと段落した感があります。そうしたなか、これまで全国各地に回っていたお金が、より投資価値の高いエリアへと集中するようになっています。そのエリアとは――

東京です。

今や、東京一極集中の時代が始まっているのです。

東京への国内外の企業進出・人口流入は今後どんどん加速し、それに伴い東京の商業地に建つ不動産に資金が集中するのではないかと私は見ています。

オリンピックの後押しもあり、今後日本ではバブル期の３倍ぐらいのお金が動く。しかもバブル期には日本全国に回っていた資金が、国土の概ね10分の１のエリアである首都圏（首都圏整備法における「東京＋関東６県＋山梨」）に集中投資される。つまり、バブル期と比べて30倍くらいのお金が流入する可能性があるということです。さらに、東京に限って言えば、バブル期の数百倍という計算になります。

では、東京への一極集中を加速させるものは何か？

それはビジネスエリアとしての東京が今後見せるであろう、様々な面での「変化の大きさ」、そのダイナミズムだと私は思います。

今現在の状況がどうこうと言うより、今後どれだけ大きく変化していくのかということに着目するべきです。

バブル期の数百倍のお金が東京に集中

東京はさらに競争力が強化される

もともと、東京という街は、強い競争力を持つ都市でした。だからこそ外国の企業も東京に進出し、国際マネーが流入してきたのです。

反面、日本の「高い税金」「数々の規制」が海外企業の東京進出の速度を鈍化させていたという事実も否めません。

確かに日本の法人税は、諸外国に比べても高い傾向にありました。

しかし今や、法人税率の引き下げは既定路線となっています。法人実効税率を引き下げることで、日本企業の国際競争力を高めつつ、海外企業をどんどん呼び込もうという政府の方針は、今後、しっかり実を結ぶでしょう。

また規制に関して言えば、例えば「アジアヘッドクォーター特区」というものがあります。税制優遇をはじめ、数々の規制緩和によって企業誘致を図るこうした構想は、東京への海外企業進出の大きなステップボードになるはずです。

2027年にはリニア新幹線の開通が予定されていて、羽田空港や成田空港の国際ハブ空港化構想も浮上しています。東京に人・モノを運ぶ動脈はますます活性化します。

様々な要因から見て、今後、東京が世界でも有数の競争力を獲得するのは間違いないと思います。

労働人口の変化

海外企業が増えれば、それと競合する多くの日本企業も東京へ進出します。雇用は促進され、東京への人口流入が進むのは確実です。

しかし、それでもなお、「少子化」や「人口減少」という悲観的材料を強調する人もいます。

確かに日本全体で見れば人口は減り続けていますが、人口分布で見ると、東京は「ひとり勝ち」とも言える状況なのです。

例えば、東京の人口をニューヨークと比較してみましょう。東京23区の面積はニューヨーク市域のおよそ2分の1です。人口はと言うと、2000年にはほぼ近い数字でしたが、２０１０年には東京のほうが60万人以上も多くなっています。10年間の人口増加率を見るとニューヨークが２．１％なのに対して、東京は９％に達しているのです。

「でも、15歳から64歳の生産年齢人口は増えていないのではないか？」

確かにその通りです。でも、それがそのまま東京の労働力低下とイコールかと言うとそうではないと私は考えています。

労働を支える層は多様化しています。生産年齢からは外れる65歳以上の人でも、実際にはバリバリ仕事をしている人がたくさんいます。現に私がお会いする企業経営者は、その多くが65歳以上ですし、そういう

〜東京とニューヨーク市の人口比較〜

	ニューヨーク市	東京都区部
2000年	8,008,278	8,075,722
2010年	8,175,133	8,803,182
人口増加数	**166,855**	**727,460**
人口増加率	**2.1%**	**9.0%**

～生産年齢人口と就業者数～

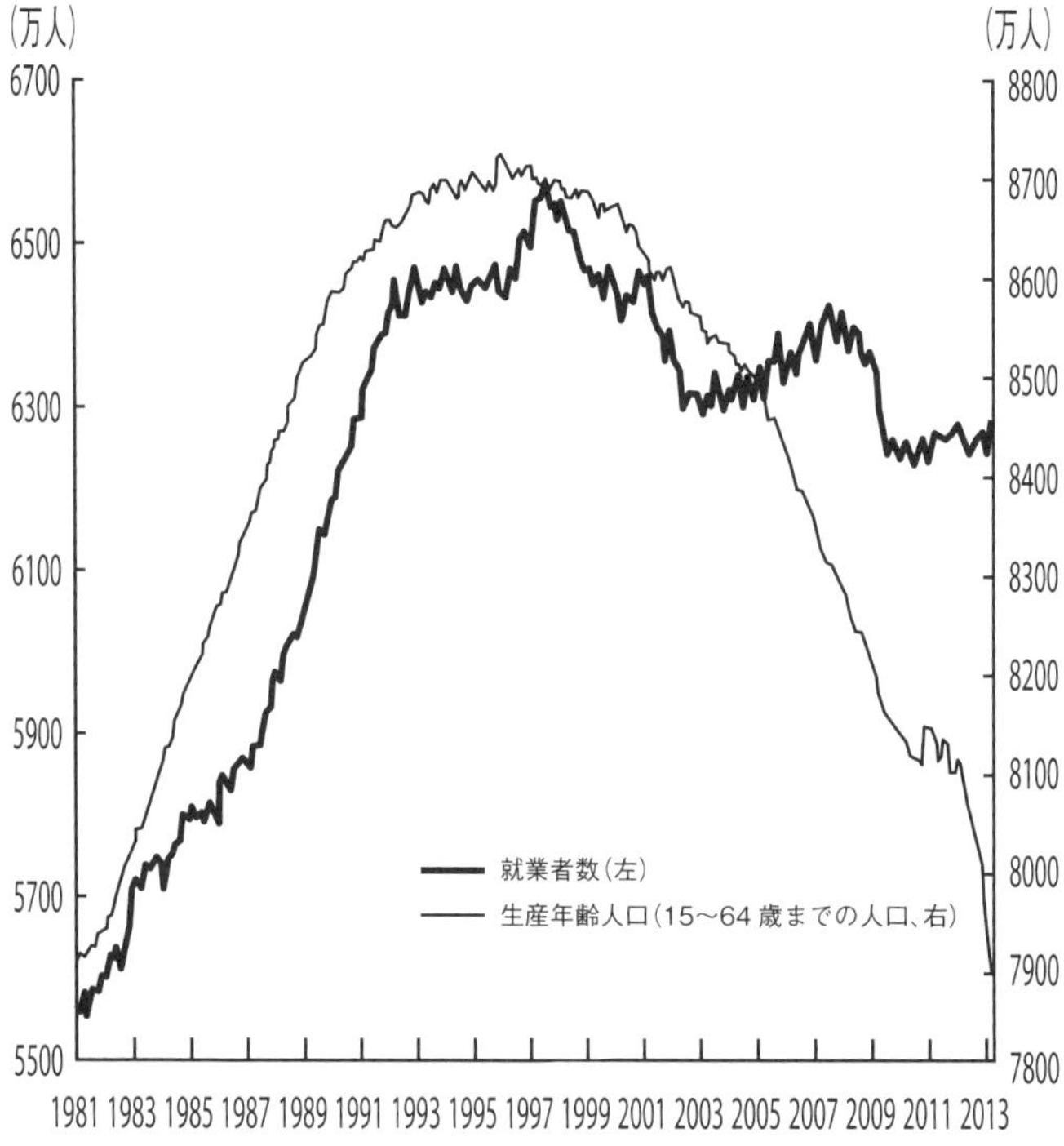

出所：総務省、厚生労働省等、信頼できると判断したデータをもとに作成

人たちが東京の経済を支えているのは紛れもない事実です。多くの企業が高齢者の再雇用、人材活用に力を入れているという状況もあります。

生産年齢人口という数値的データと、実質的な労働人口にはズレがあるのです。また女性の就業率は高くなっていて、かつては女性が就かなかった職種へも進出しています。出産・育児の支援制度など女性の就業環境は整備されてきていて、なかでも、東京は共稼ぎ世帯の数が全国1位を誇っています。

規制緩和やＴＰＰの影響で外国人就業者も増えています。国家戦略特区で働く外国人の在留資格制度新設などの動きもあり、外国人の人口推計は増加を見せています。

東京は労働市場としても今後、大きく発展していくでしょう。

オフィススペースの拡大

企業が増え、人口が増えれば当然、東京の不動産マーケットは活況を呈します。

事業系不動産を考える場合、社員1人当たりにあてがわれるスペースというのも、重要なファクターです。

日本の中小企業では、これまで社員1人に概ね2坪程度が平均でした。これが外資系企業になると1人10坪は当たり前です。

今後、海外の企業が東京に進出して競争が激化していくなかで、日本企業が外資系と伍《ご》して戦っていくには、優秀な人材を獲得することは必須です。

しかし1人2坪程度の狭いオフィスでは、優秀な人材も集まりにくいでしょう。日本のオフィス環境もグローバルスタンダードに近づいていき、より広いオフィス空間を求める企業が増えてくるはずです。

オフィスを借りる企業が増え、1企業当たりの借りる面積も増える――。

事業系不動産の「需要」は膨れ上がります。

しかし、東京都区部の商業地面積という「供給」は、基本的には増えません。

需給の差が相場をつくるという考え方から言って、東京の不動産相場は確実に上がっていくでしょう。

オフィススペースも世界標準が求められる

金融緩和が巨大なマネーを動かす

「異次元緩和」がもたらすインパクト

不動産投資の「旨み」を享受するには、「不動産利回りがいい」「長期安定収入が見込める」というだけでは十分ではありません。

不動産マーケット全体が成長して、積極的にキャピタルゲインを狙っていける状況が生まれて欲しいところです。

幸い現在の日本には、不動産マーケットに関して、大きな成長の兆しが見えています。

その起爆剤になるのが２０１３年の「金融緩和」です。

「異次元の緩和」とも呼ばれる日銀の金融緩和は、約300兆円というマネタリーベース（日銀が供給する通貨）を使って、個人金融資産や企業の余剰資金など、「動かない」お金を何とか動かそう、それによって市場を活性化しようという狙いで行われました。

では、300兆円という額は、どういう意味を持ち、どういうインパクトがあるのでしょうか。

300兆円の補てんが持つ意味

まず、いわゆる「失われた20年」に、いったい日本のマーケットはどれぐらいのお金を喪失してしまったのか、あらためて考えてみましょう。

私が証券業に飛び込んだ平成元年（1989年）はバブルのピーク。あの時期の株式市場の時価総額は約590兆円ありました。

2013年上旬はと言うと、約429兆円強でしょうか。およそ200兆円が失われた計算です。

また、バブル崩壊による不動産の価格下落で生じた損失、銀行など金融機関が被った実損分は、約100兆円だと言われています。

つまりは、「二大損失」とも言うべき、株と不動産の実損の合計額が、約300兆円だったわけです。

今回の金融緩和によるマネタリーベース約300兆円は、株式マーケットと不動産マーケットの損失分約300兆円を、そっくり補てんするボリュームだということになります。

その約300兆円の補てんが呼び水になって、個人金融資産約1500兆円を含む、約2400兆円もの巨大な資金が市場に流れ込むことが期待されているのです。

それによるインパクトは計り知れず、おそらく、株式マーケットも、不動産マーケットも、この20年なかったような活況を呈するであろうと私は考えています。

でも本当に約300兆円の資金が起爆剤になるのでしょうか？　その点を確認するために、資金がいかに市場を動かすのかを見てみましょう。

「300兆円」がマーケット活況への呼び水に

〜大量の資金が動き出す〜

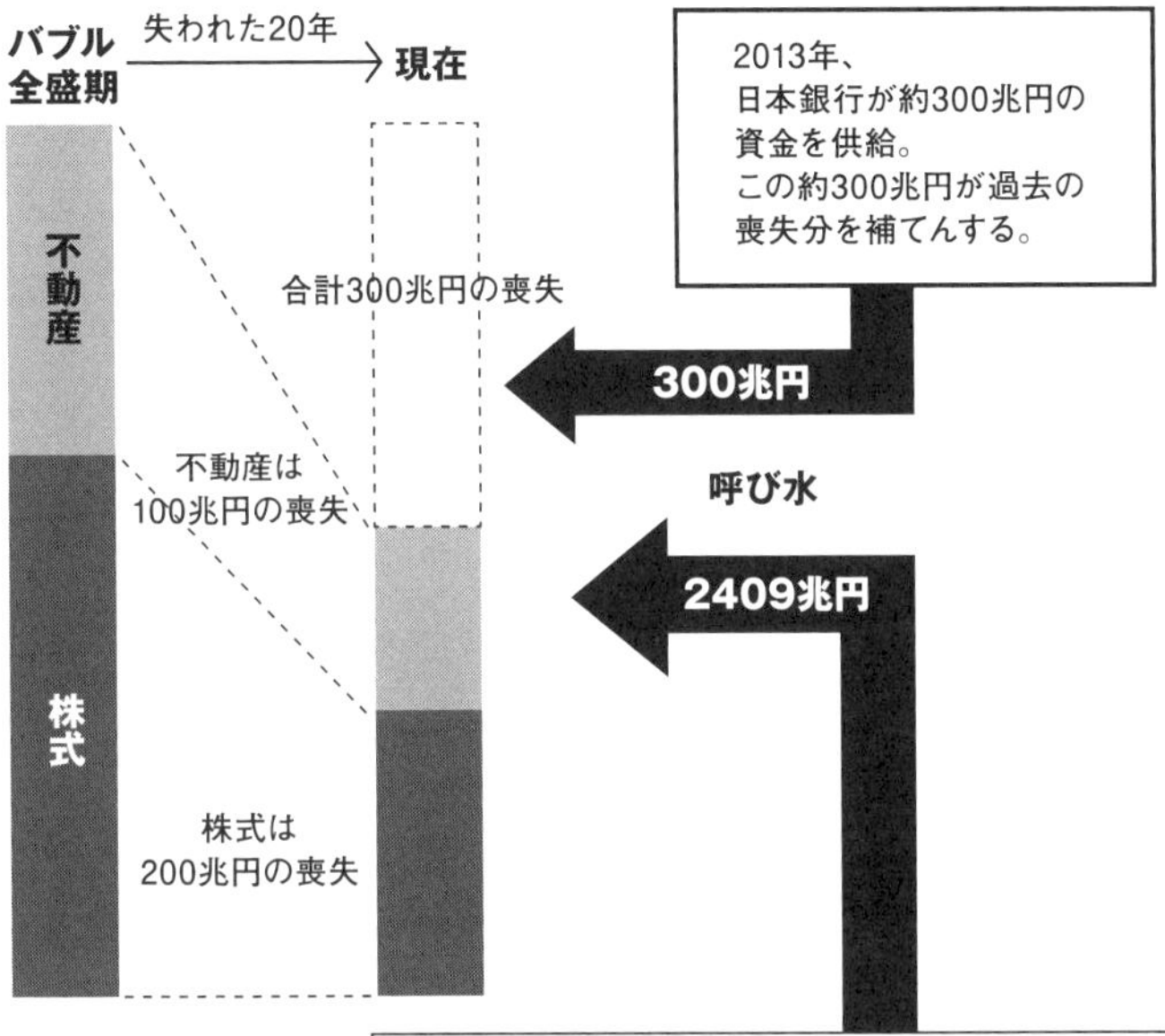

金融資産

年度	1982	2012
家計の金融資産	448兆円	1,568兆円
民間非金融法人の金融資産	351兆円	841兆円
民間部門の金融資産	799兆円	2,409兆円

出所：日本銀行等、信頼できると判断したデータをもとに作成

わずかな資金がマーケットを決定する

土地の値段や株価が上昇・下降するのを見ると、よほど大きなお金が動いているのではと思われがちですが、実は少額のお金が相場を形成しているのです。

例えば、東証一部の時価総額は428兆円ありますが、1日の売買代金は2兆円にすぎません。つまり、時価総額の0・5%程度の資本がマーケット全体を動かしていることになります。

0・5%のお金のやり取りのなかで、買いが売りを下回れば株価は下落し、買いが売りを上回れば株価は上昇するという相場を生んでいるのです。

一方、不動産は株より流動性が低い関係で、株式市場よりももっと少額のお金でマーケットが動きます。

日本の全不動産資産は2500兆円あると言われていますが、年間で4・6兆円、1日あたり185億円、つまり、日本の全不動産のわずか0・001%が、2500兆円の市場を動かしているのです。

～わずかな資金がマーケットを決定する～

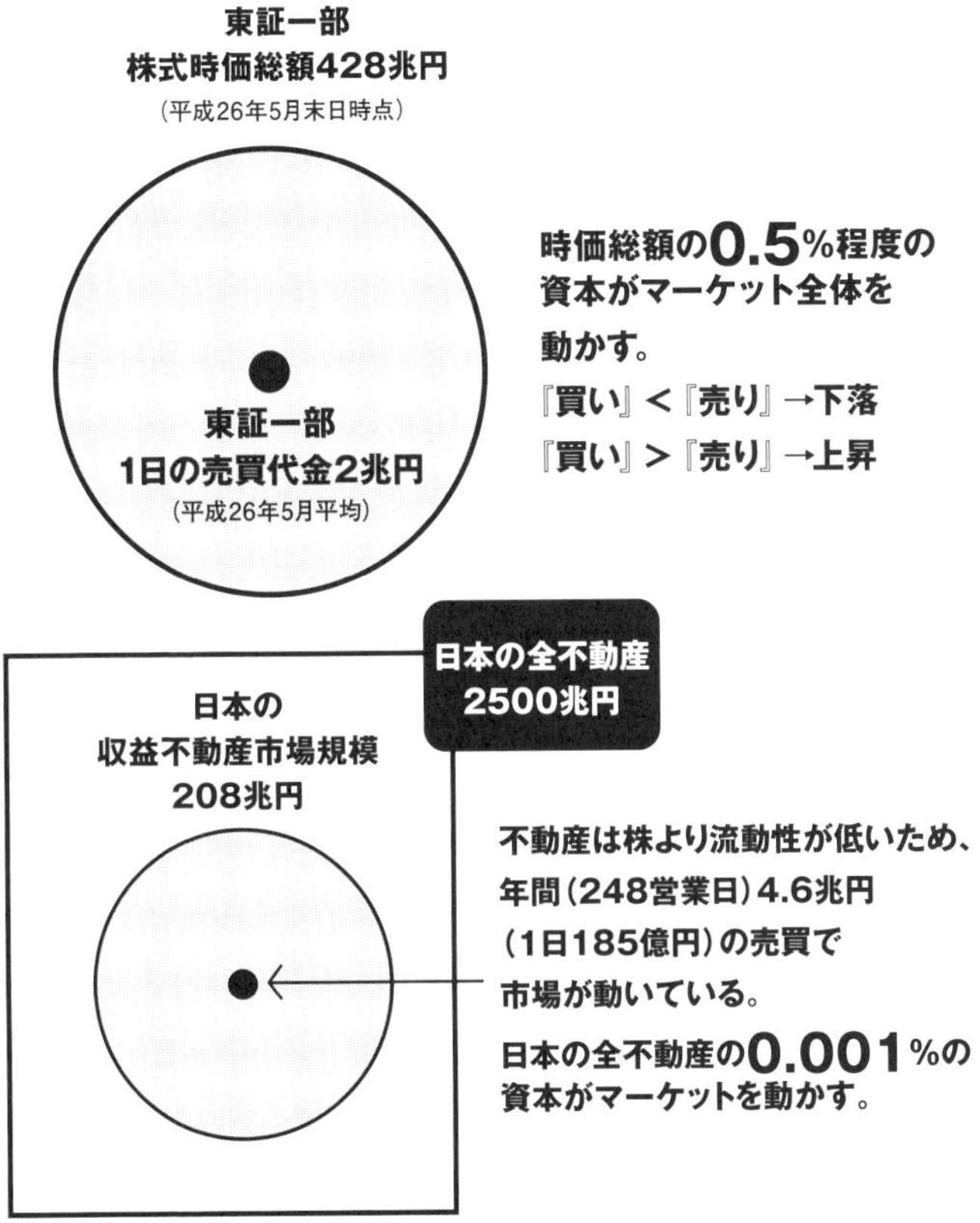
東証一部
株式時価総額428兆円
（平成26年5月末日時点）
東証一部
1日の売買代金2兆円
（平成26年5月平均）
時価総額の0.5%程度の
資本がマーケット全体を
動かす。
『買い』＜『売り』→下落
『買い』＞『売り』→上昇
日本の全不動産
2500兆円
日本の
収益不動産市場規模
208兆円
不動産は株より流動性が低いため、
年間（248営業日）4.6兆円
（1日185億円）の売買で
市場が動いている。
日本の全不動産の0.001%の
資本がマーケットを動かす。

出所：日本経済新聞、東京証券取引所、ＮＲＩ，レインズ、
国土交通省等などの資料をもとに作成

こうした事実を見れば、３００兆円のマネタリーベースは市場の活性化に十分インパクトがあるということがお分かりいただけるでしょう。

株価と不動産価格は連動している

先ほど、オリンピックが株価を引き上げるという話をしましたが、では、そうした株式市場の動きは、不動産マーケットといかに連動しているのでしょうか？

次頁のグラフは、ここ40年間の日経平均株価と東京23区商業地の基準地価との関係を示しています。

どちらもバブルの時期に大きな山を描いていますが、商業地の地価上昇率は、株価の上昇率のおよそ倍になっていることが分かります。

なぜそうなのかを考えると、「需給のタイトさ」、つまり供給の少なさが影響していると私は思います。

一般に、価格の上昇は需給バランスで決まるものです。株式は、企業の業績が良くなってくれば、新規公開、エクイティファイナンス、新規発行など、供給が増え

〜株価と不動産価格は連動している〜

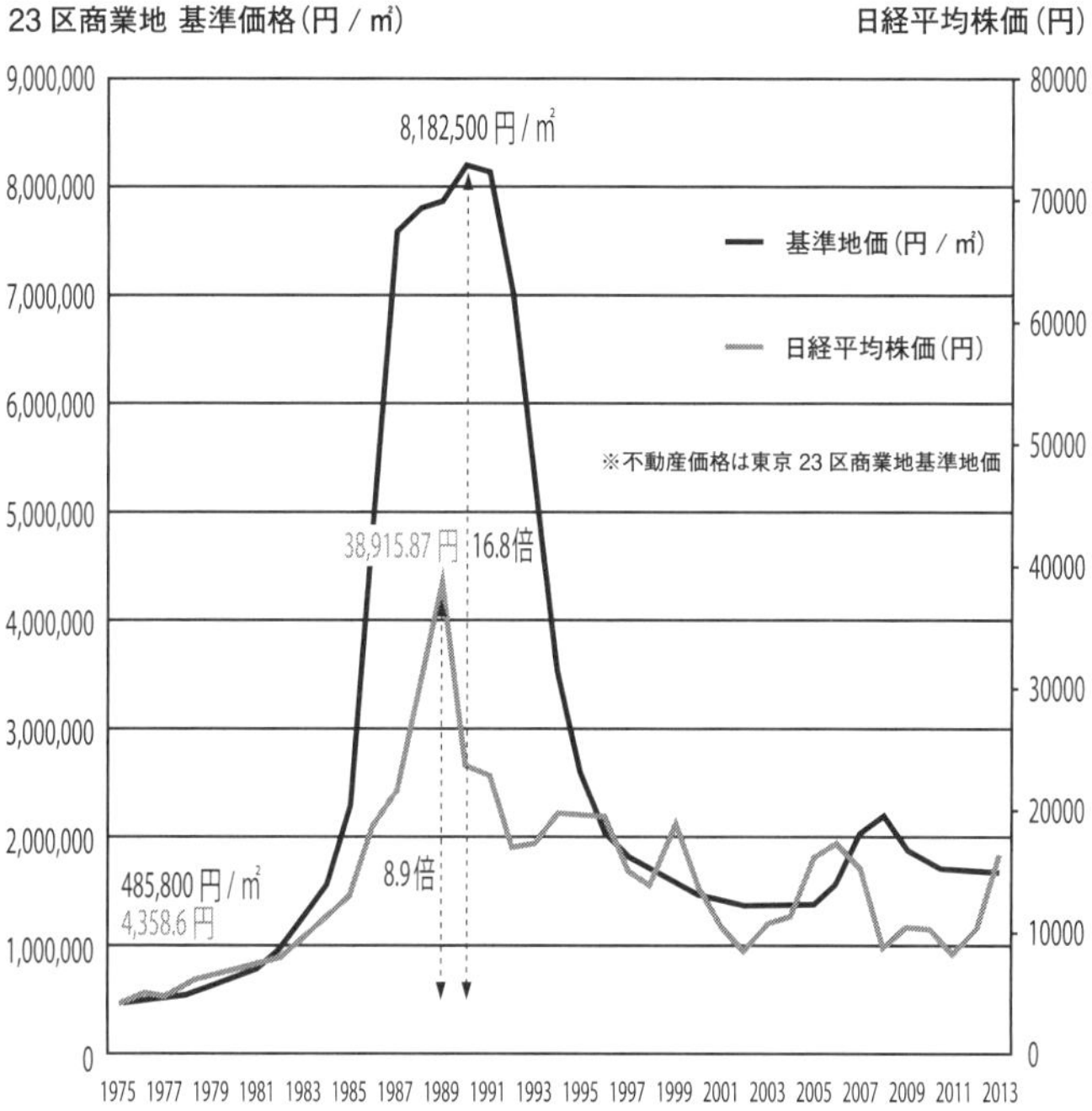

出所：東京都財務局のデータをもとに作成

ます。かたや商業地の面積は基本的には増えません。つまり供給が増えないのです。

このように、株式に比べて不動産の需給は非常にタイトだということが、上昇率を押し上げる要因になっているわけです。

余剰資金が不動産投資に向いていく

前頁のグラフを見ると、84年から92年までの8年間が、不動産上昇率のピークでした。

この8年の起点となった84年頃から、日本は非常に「金余り」の状態になりました。それが後のバブル景気の引き金になったのです。

一方、東京オリンピックを数年後にひかえる現在の日本ですが、実は、お金の余りっぷりで言うと、国内だけでバブル直前の2倍以上、海外のドルベースを入れれば3倍以上あると見られています。

ひとつに個人金融資産と企業の余剰資金。これが80年代前半よりも倍以上あります。

もっと凄いのは、金融緩和でブクブクに膨れたドルベースのお金が、最初新興国に入ったのですが、今は新興国から脱出して行き場を失っている状態なのです。これも日本に流れ込んでくるでしょう。

さて、過剰流動性などと盛んに言われたバブル期ですが、このときの資産には、投資する対象がたくさんありました。債券であったり、新規工場であったり、様々な文化プロジェクトや映画であったり……、投資対象は実にバラエティに富んでいました。

ところが今は、そういった投資対象が極端に少ない。

世界中が金融緩和で金利を下げてしまったこと、金利の高い国はインフレリスクがあることなどから、なかなか投資に手が出しにくい状況が続いています。

そうなると、実物資産である「金（＝ＧＯＬＤ）」や「不動産」が俄然、浮上してくるわけです。

とりわけイールドスプレッドに優れた日本の不動産市場は、今後、世界からも大きく注目されるのは間違いありません。

日本の不動産市場が世界から注目を

不動産投資における「タイムラグ」

株式と不動産相場のタイムラグ

不動産の上昇率は株式の上昇率の倍以上になるということに触れましたが、そのピークの時期には、ズレがあるのが普通です。不動産は株より流動性が劣る分、上昇・下落に対して1年ぐらいのタイムラグが起きやすいという傾向があるからです。

通常、株が上がりだして概ね半年もすると、不動産価格の本格上昇が始まる可能性が高いと言えます。

ということは、株式相場の動きを注意深く眺めれば、その先にある不動産価格の動きも読めますから、そこから不動産を購入するべき最適なタイミングを計ること

～不動産価格指数と相場の比較～
ミニバブル期(2003年～2008年)

不動産価格指数と日経平均株価の比較

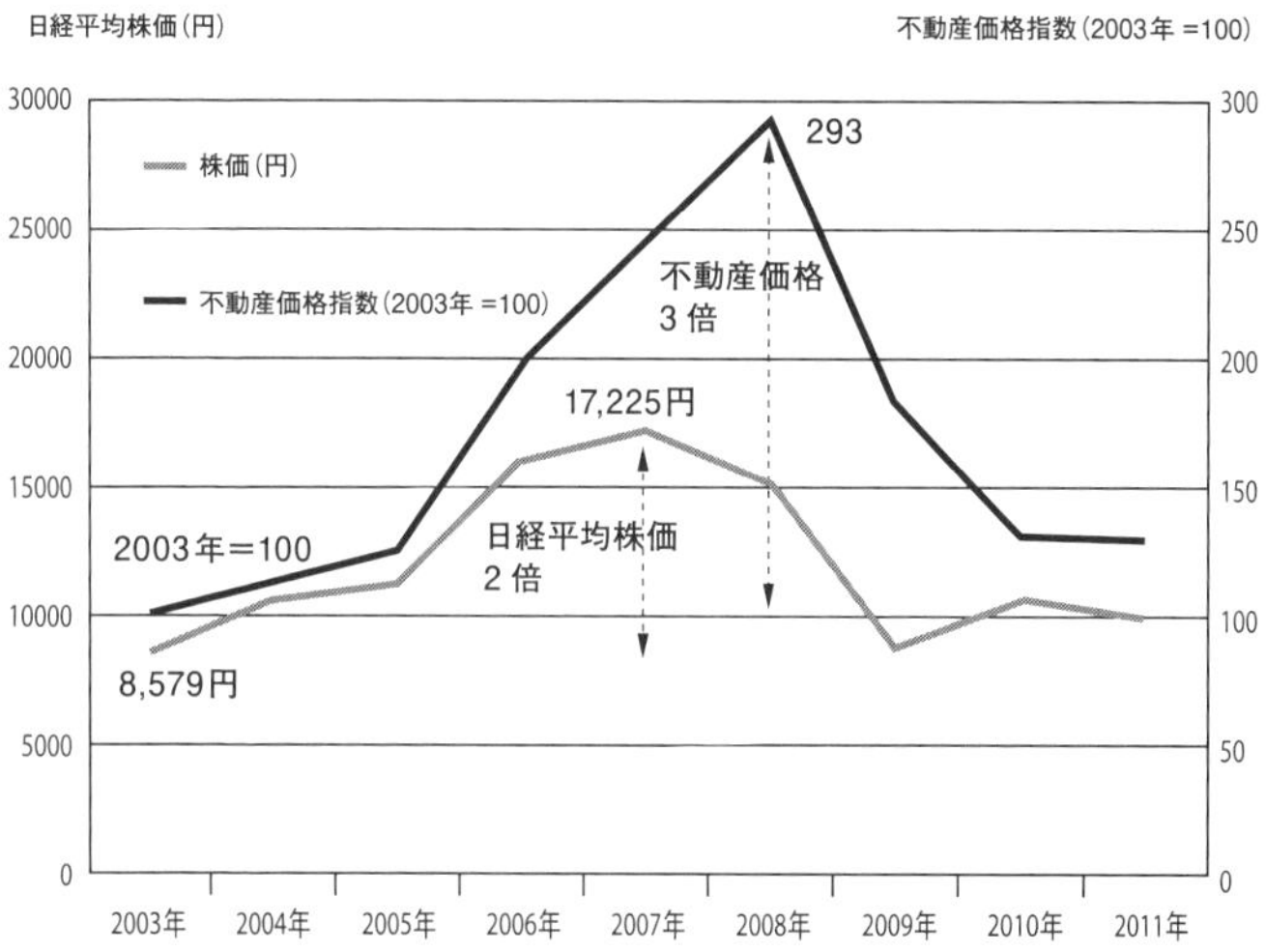

出所：三幸エステート㈱オフィス相場データ、国土交通省
基準地価データをもとに作成

株式相場を注視すれば、不動産価格の動きが読める

もできるということになります。

できるだけ底値に近い値段で買えるように、不動産相場だけでなく株式相場も見守ることをお勧めします。

空室率の動きに遅れて

空室率と賃料とのタイムラグ

不動産を買うべきタイミングを計る上で、もうひとつ、指標になる「タイムラグ」があります。それが「空室率と賃料」とのタイムラグです。

空室率がピークに達し、その後改善されていったとします。当然、家賃相場も改善されてしかるべきですが、それは空室率の改善と同時には起きません。

空室率改善が起きてから、しばらくは賃料の下落は続き、数か月から長いときで1年ぐらいのタイムラグの後、賃料が上昇するというのがよくあるパターンです。

下落のときも同じです。空室率が悪化するものの、しばらくは賃料が上がっていくという現象が見られます。

家賃相場は動く

～都心5区 空室率 と平均募集賃料～

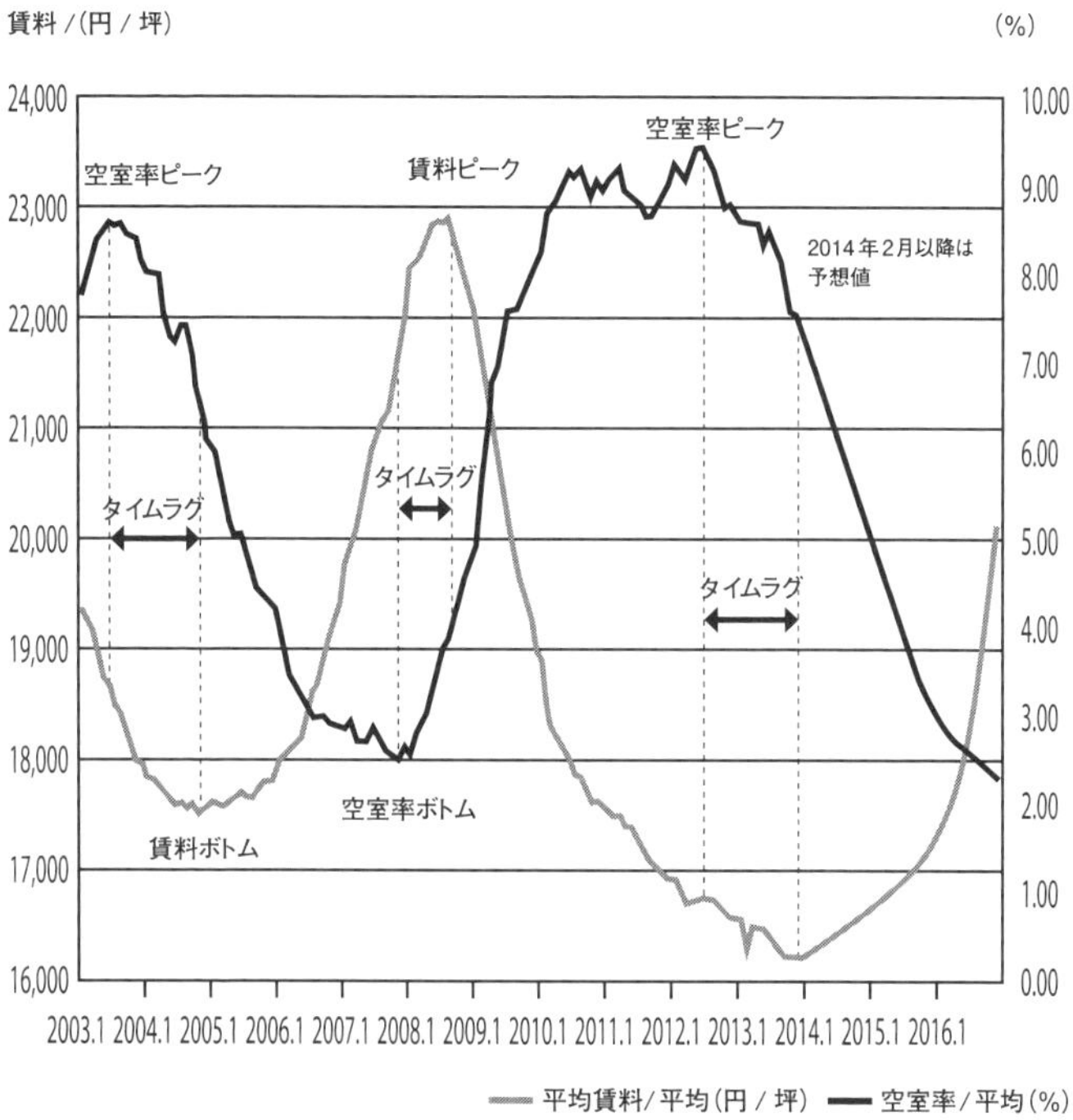

出所：三鬼商事㈱オフィスデータを抜粋し追記

インカムゲインを上手に取っていくためのポイントとして、このような大きな流れは、ぜひとも掴んでおいていただきたいと思います。

賃料は急激に上昇する

多少タイムラグがあるでしょうが、これからの賃料相場は確実に、そして急激に上がっていくと私は考えています。その理由としては、単純なテナントの数だけでなく、使用するフロアの数が関係してきます。

分かりやすく説明するために、東京23区のオフィスビルマーケットを100階建てのビルに見立てて考えてみましょう。

平均空室率を7％とすると、イラストのように、7フロアが空室となります。

不況時には、テナントとして入っている93社のうち、黒字を出している企業は30社程度。そのなかで、社員を増やしたり、会社のフロアを増やそうとする企業は、ゼロか多くて3社ぐらいだと思います。

しかし、景気が改善しつつある現在は、93社中60社程度が黒字を出していますの

～賃料は急激に上昇する～

東京23区のオフィスビルマーケットを
100階建てのビルに見立て
平均空室率を7%とすると7フロアが空室となる

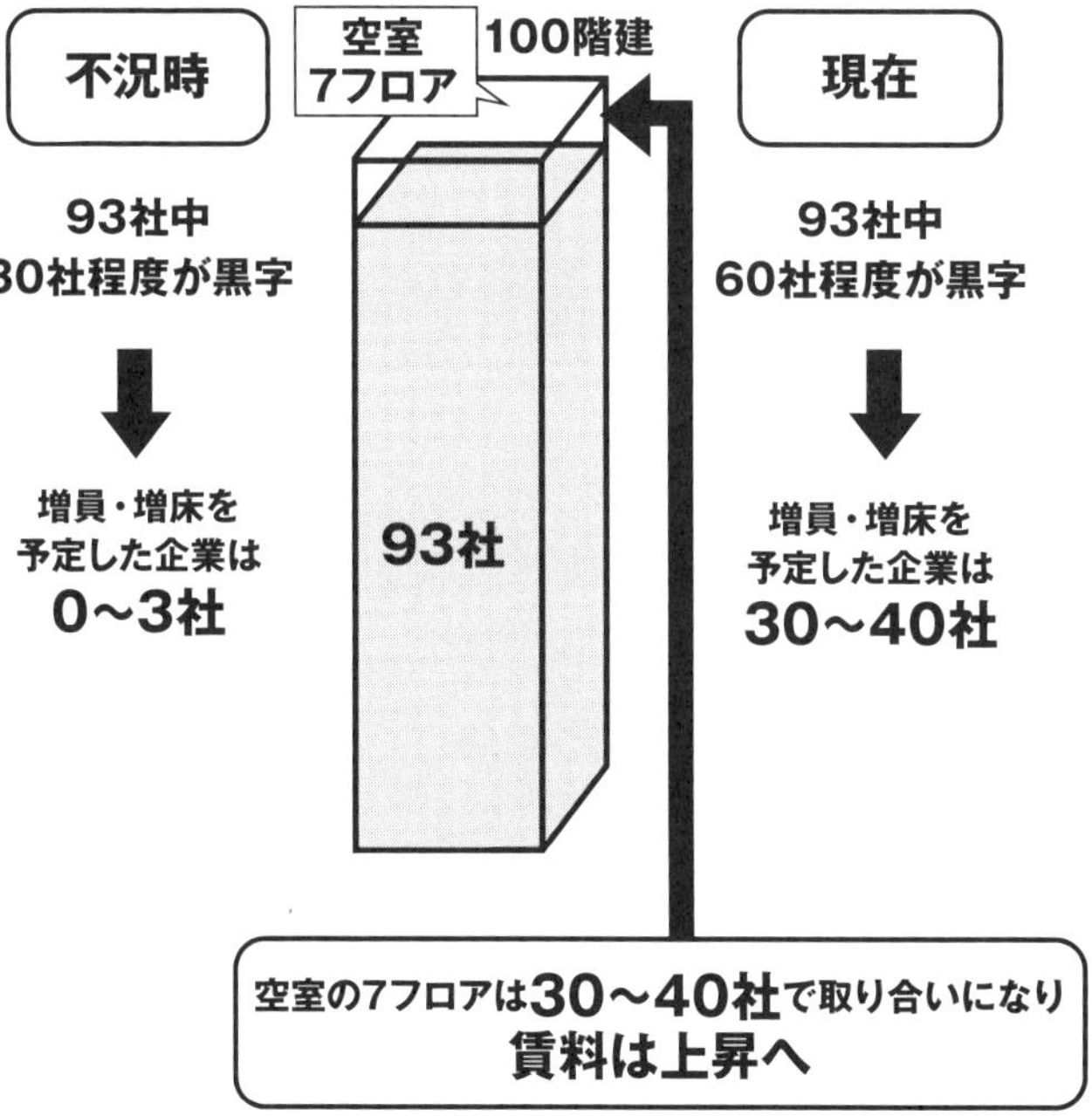

で、増員・増床を予定する企業は30社から40社に上ると思われます。その30社から40社が、空いている7フロアを取り合うことになるので、賃料は一気に上がるということなのです。

株と不動産の収益比較

株式は倍になれば最高のシナリオ

ここであらためて、株式投資と不動産投資との関係を整理するために、両者の収益を比較してみたいと思います。

まず、株式ですが、例えば5000万円分の株式を持っていたときに、一般的に考えて、この株価が倍になったときには売りに出すと思います。

持っている株式が2倍になるというのは、かなり高いキャピタルゲインだと普通は考えられるでしょう。

また、インカムゲインに関しては、平均配当を1・5％として、年間75万円取れれば、かなりいいシナリオだと言えます。

5000万円 × 1.5% = 75万円/年・・・インカムゲイン

ただし、株式にはデフォルトリスクというものがつきまといます。最悪ゼロになる可能性もあるのです。4000銘柄ぐらいある上場株式のうち、毎年数百件は廃止になっているはずです。

不動産は10倍になることも

それに対して、不動産に5000万円投資した場合を考えてみましょう。

先ほど見た表（89頁図参照）からも分かるように、株の相場が2倍になるのであれば、不動産相場は4倍になる可能性が高いと言えます。

不動産の場合、5000万円の頭金で1億円のローンを組むことで、1.5億円の物件が買えます。この1.5億円の4倍ということは6億円になる計算です。

頭金の5000万円を差し引いても5.5億円のプラス。

資金5000万円に対して、資産が10倍以上に跳ね上がる計算です。

～株と不動産の収益比較～

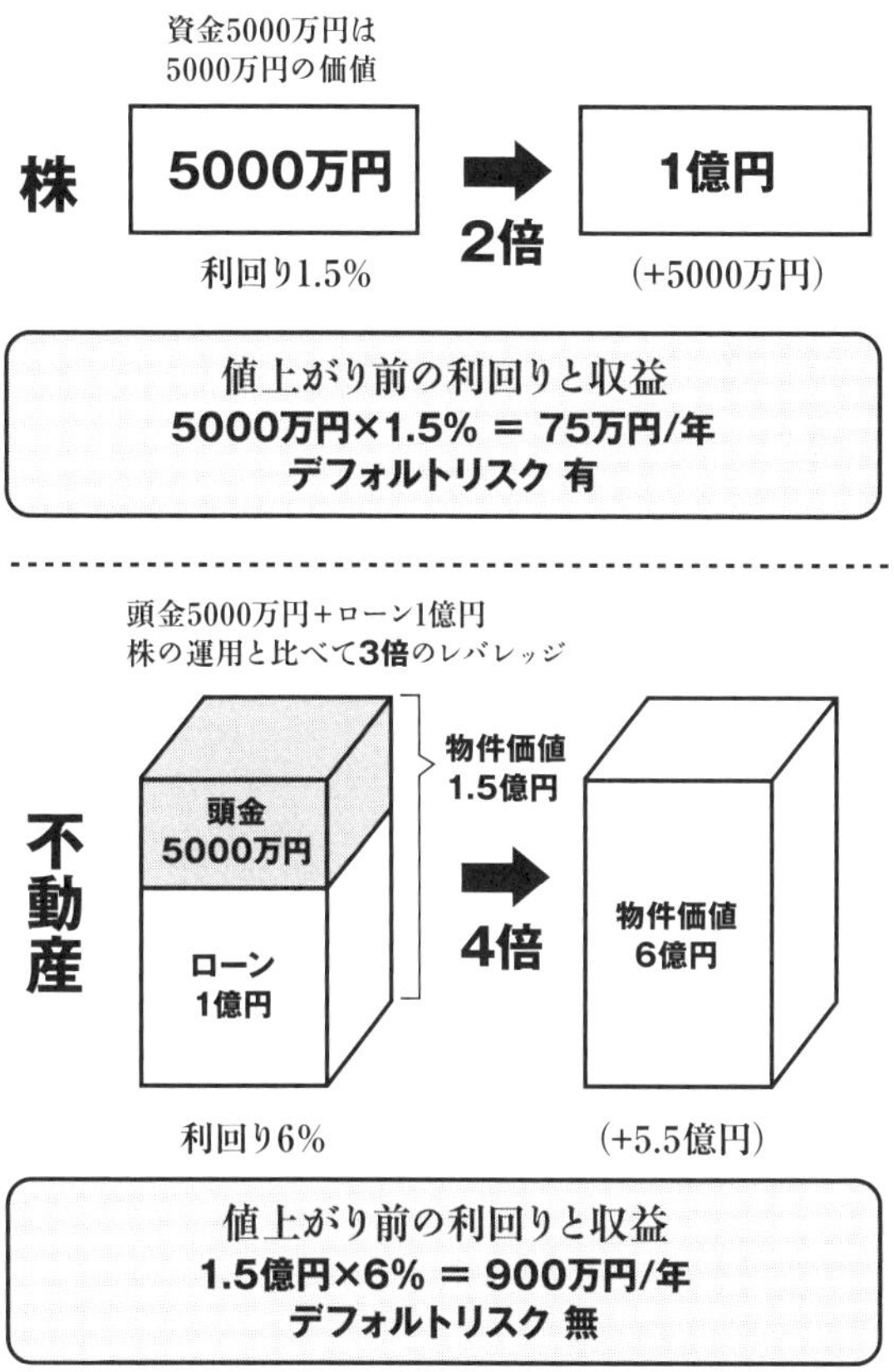
資金5000万円は
5000万円の価値
株
5000万円
2倍
1億円
利回り1.5%
(+5000万円)
値上がり前の利回りと収益
5000万円×1.5% = 75万円/年
デフォルトリスク 有
頭金5000万円+ローン1億円
株の運用と比べて3倍のレバレッジ
不動産
頭金
5000万円
ローン
1億円
物件価値
1.5億円
4倍
物件価値
6億円
利回り6%
(+5.5億円)
値上がり前の利回りと収益
1.5億円×6% = 900万円/年
デフォルトリスク 無

そして、インカムゲインは、不動産利回り6%として、年間900万円の収入です。
1・5億円 × 6% = 900万円/年・・・インカムゲイン
しかも、こちらには原則デフォルトリスクはありません。どんなに不動産価値が下がったとしても、ゼロになることはまずありえないからです。

今後、株式マーケットも不動産マーケットも活性化していくでしょう。両者がそれぞれもたらす恩恵を上手に取り入れるのもいいでしょうが、より重心を掛けるべきは、やはり不動産投資ではないかというのが私の正直な見解です。

タイミングを逃さない不動産投資を

あらゆる投資は、時間=タイミングへの投資だと考えられます。タイミングを逸した投資は価値が激減すると言っていいでしょう。
株や債券に比べて、長いタイムスパンで推移し、激しい変動があるわけではない不動産投資にしても、固有の「投資タイミング」というものがあります。

「あのとき、買っておけば」と後悔することがないように、しっかりとタイミングが読めるようにしていただきたいと思います。

【第3章】

どのような不動産を狙えばいいのか

賃料相場と需給バランス

「需給バランス」がすべての相場を決める

収益不動産で利益を上げていくには、相応の「賃料」を長期にわたって継続的に取っていくことが必要になります。

そして、その賃料もできることならあまり変動して欲しくない。一定の額を安定的に取っていきたいというのは、収益不動産オーナーを目指す人なら誰しも思うことです。

では、賃料相場の変動が起きる要因は何かと言えば、ごく当たり前のことなのですが、これまでも度々触れてきた、「需給バランス」です。

賃料の相場は、その物件を借りたい人の数＝「需要サイド」と、貸し出されている物件の数＝「供給サイド」で決まります。

例えば、ある地域において、１０００人の賃借人（需要サイド）に対して、１０００室の物件（供給サイド）があり、双方が均衡しているとします。

その物件には賃料50万円が設定されているとしましょう。（下図参照）

この状態が続くならば、「不動産投資」は実に安定したものだと言えます。

50万円という一定の賃料のままで、１０００人が１０００室を借り続けてくれるはずだからです。

～賃料相場と需給バランス～

しかし、もし1000人という需要は変化しないまま、供給が2000室に増えたならばどうでしょうか?

当然、賃料相場の均衡は崩れます。賃貸人は、より安くより良い部屋を求め、賃料相場の下落が起こります。極端な場合、半額の25万円まで下げないと借りてくれないかもしれません。(図A)

あるいは、1000室という供給はそのままなのに、借り手が500人に減ったとしたら、同様に25万円までの賃料下落が想定されます。(図B)

もちろん賃料相場の高騰も考えられます。

1000人の需要に対して、供給が500室まで減る(図C)。

あるいは、1000室の供給はそのままで、賃借人が2000人に増えるなら、賃料を100万円まで引き上げられることも考えられます。(図D)

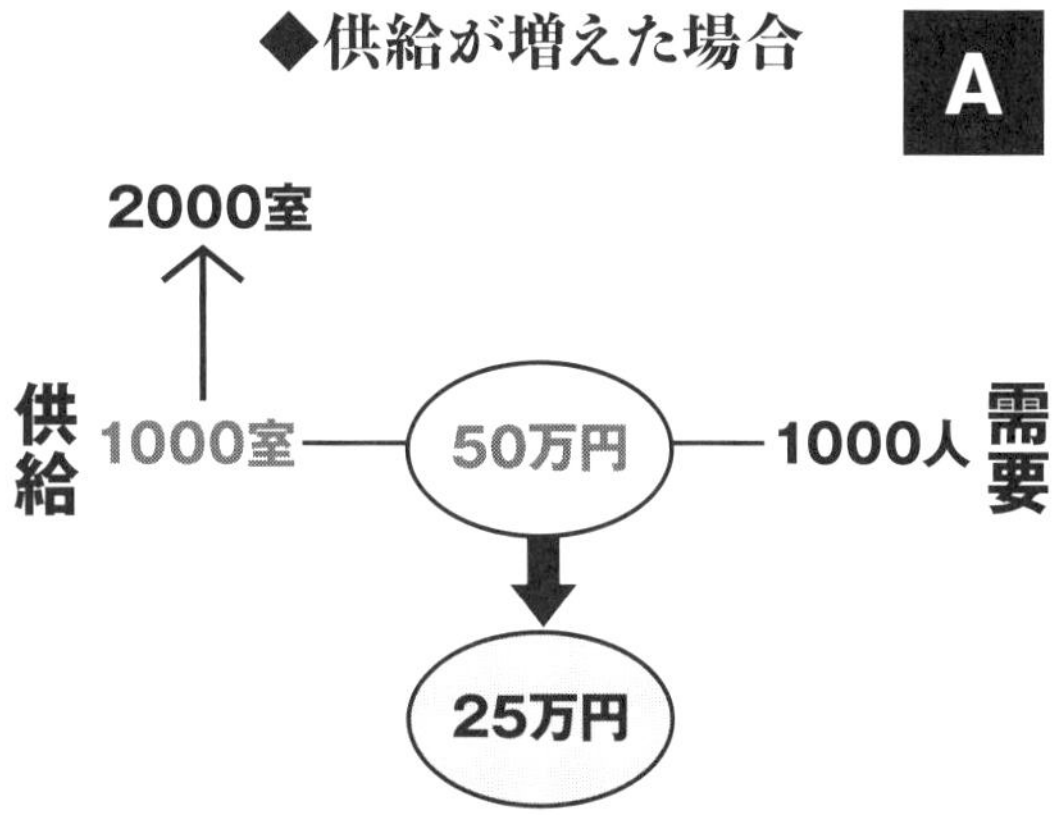
◆供給が増えた場合
A
2000室
供給
1000室
50万円
1000人
需要
25万円

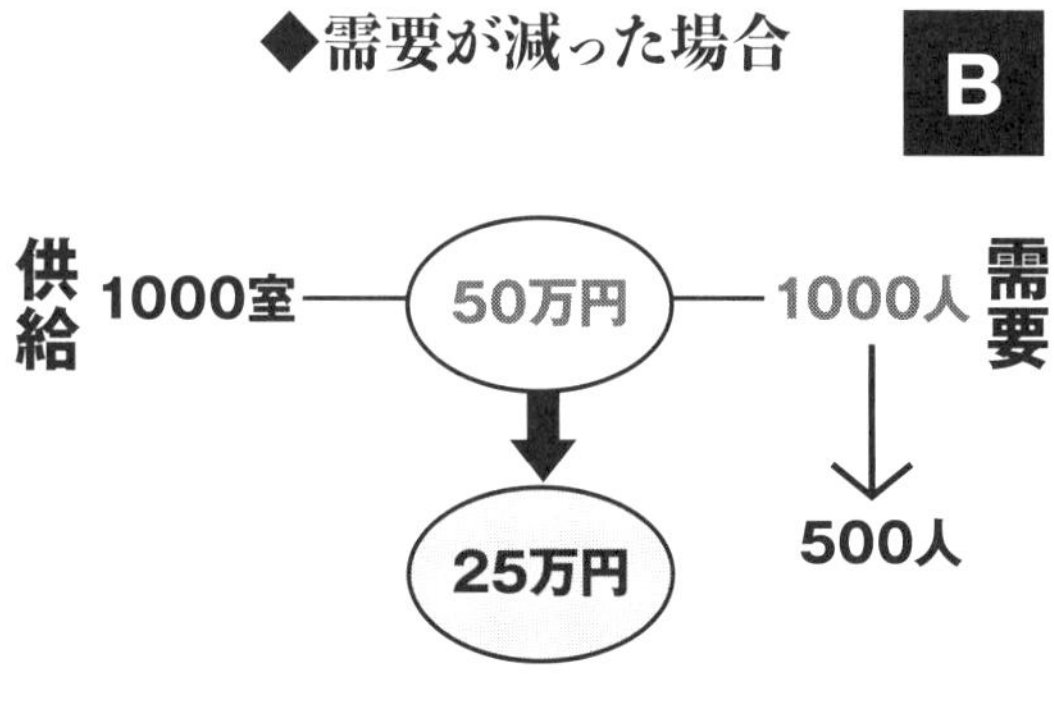
◆需要が減った場合
B
供給
1000室
50万円
1000人
需要
500人
25万円

◆供給が減った場合

C

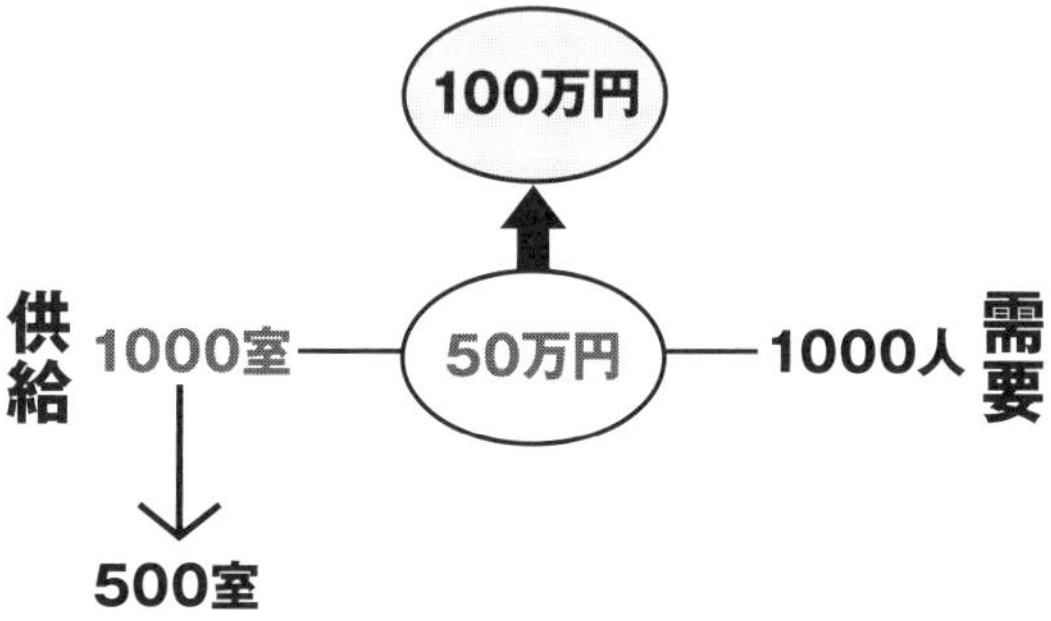

◆需要が増えた場合

D

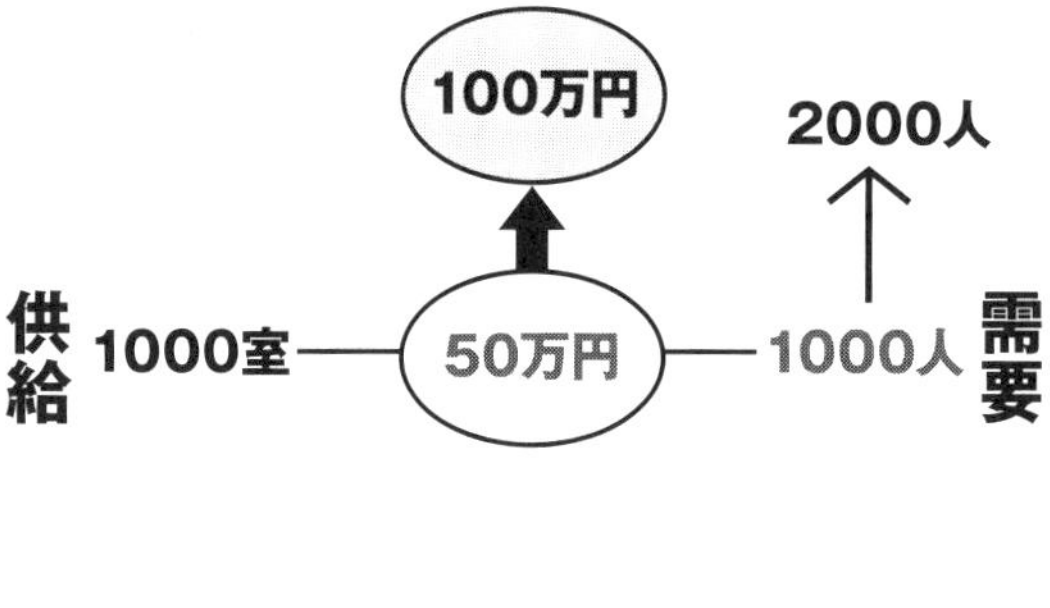

「賃料相場は読みにくい」は本当か？

こうした賃料相場の変動は、収益不動産に投資をしていく上で、やはりもっとも気になるところです。高騰してくれるのならまだしも、下落は非常に怖い。

そして、「需給バランスの変動は予測できないものだ」という見方が、不動産投資への不安を掻き立てます。でも本当に賃料相場は読みにくいものなのでしょうか？

賃料相場だけでなく、株価も、為替も、給料も、売上でさえも、およそ「変動」するものはすべて、需要と供給のバランスで形成されているものです。

私の経験から言うと、なかでももっとも変動を読みにくいものは為替相場です。次には株式相場でしょうか。「需給バランス」が実に複雑な動きを見せるので、予測するのは、かなりのテクニックと経験を要します。でもどちらも投資市場でもっとも盛んに取引されていますね。

これに比べたら、不動産は株や為替のように無尽蔵に「供給」されることはありませんし、「人口」が急激に増減して「需要」が大きく変動することも考えにくいでしょう。

ですから、不動産の「賃料相場」は、為替や株の相場に比べれば、はるかに読みやすく予測が容易なものです。

世の投資家は、需給バランスがもっとも複雑で読みにくい「為替」や「株価」の相場を一生懸命に読んで、一喜一憂しています。

反面、非常に需給が計算しやすく、もっとも相場を読みやすい「不動産」をわけもなく恐れているのです。不思議ですね。

売買マーケットと賃貸マーケットの違い

おそらく、そうした投資家の頭にあるのは、例えば、バブルの頃の「地上げ」のイメージなどではないでしょうか。

不動産の賃料相場は相対的に読みやすい

しかしそれは、不動産「売買」マーケットの話。私が注目している不動産「賃貸」マーケットとは違います。

確かに不動産売買のマーケットは、相場が大きく変動する可能性があります。それは、誰がマーケットに入ってくるか分からないからです。外国人や事業実態のない企業が突然、投機目的で参入してくるケースもありえます。

それに対して、不動産「賃貸」マーケットでは、そういうことはほとんど起こりません。基本的に、賃貸の需要は日本国内のその地域で、実際の事業を営んだり、住んだりする人たち、つまり、生活実態や事業実態のある人・企業がつくりだす「実需」ですので、大幅な相場変動は起こらないのです。

とは言っても、これは賃貸マーケットの一般的傾向であって、私たちとしては、数限りなくある賃貸物件のなかから、より安定して、より妙味のあるベストの投資対象を選ばなければなりません。

そこで次では、不動産の絞り込みをするために、「投資エリア」に着目してみましょう。

賃貸需要は「実需」により、大きな相場変動は起きない

どのエリアがいいのか

「都心か　郊外か」

こういう問いを立ててみます。

「投資エリアは東京都心がいいのか、それとも地方・郊外がいいのか」

結論から言ってしまえば、圧倒的に都心のほうがいい、というのが私の考えです。

理由は、「郊外はまだ不動産を増やす余地があるが、都心はもう増やす余地がないから」です。

これだけでは何のことか分からないかもしれません。順をおってご説明しましょう。

賃料は序列で決まる

前提となるのが、「賃料というのは、そのエリア内での相対的な競争力で決まってくる」という事実です。つまりは、その地域の一定数の物件のなかで、自分の物件はどれくらいの人気があるのか、その序列によって賃料は決められるということです。

この前提をもとに、例えば、東京都港区にある物件と、埼玉県所沢市にある物件を比べてみましょう。

港区、所沢市、それぞれの一定エリア内に、1000棟の不動産があったとします。そして自分の持っている物件の人気が、1000棟のなかでちょうど真ん中の500番目の順位だったとします。

所沢市の場合、10年後に、このエリアの1000棟が2000棟まで増える可能性があります。まだ開発されていない土地があるからです。

一方、港区では、土地が余っていないので、そこまで増やすのは無理でしょう。

効率良く開発したとして、せいぜい1000棟が1100棟になるくらいではないでしょうか。

さて、新築物件というのはたいてい、人気の上位に来るものです。ですから、所沢市のケースでランキングを見ると、古い1000棟のランクの上に、新築の1000棟がまるまる乗るという形になるでしょう。そうなると、1000棟中真ん中の500番目の人気だった物件は人気がぐっと下がって、1500番目くらいのランクになってしまうのです。

当然、賃料にも大きく影響してきて、エリアの相場よりも、かなり低い家賃にせざるをえなくなるでしょう。

一方、港区のケースでは、1000棟だったのが1100棟になるだけですから、500番目のランクだった自分の物件が、1100棟中600番目のランクに下がるにとどまります。競争力はそれほど落ちません。

これが、「地方・郊外よりも、都心の不動産を持つほうが有利」であるひとつの理由です。

供給が大幅に増えることのない都心が有利

～投資エリア～

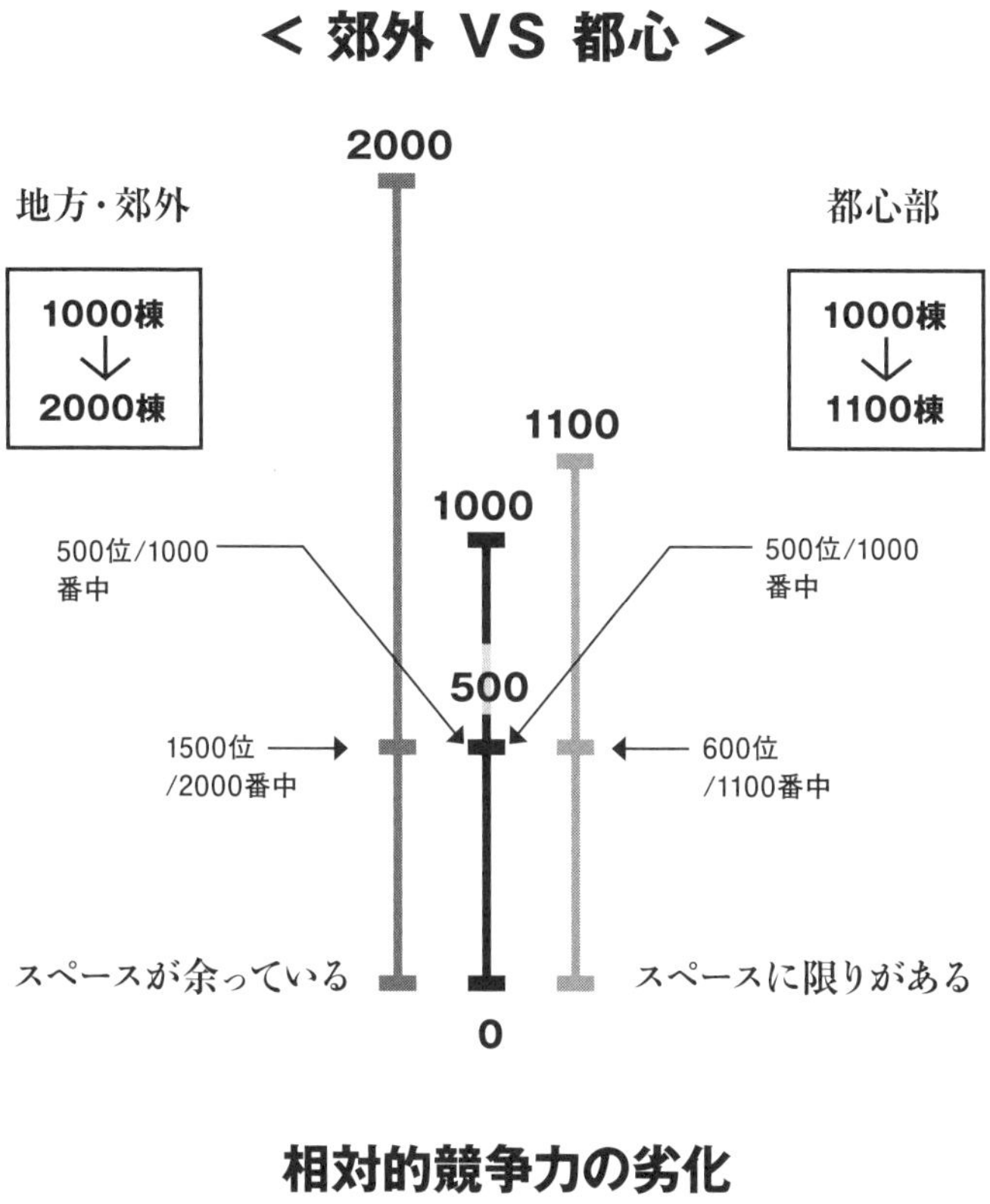

< 郊外 VS 都心 >
地方・郊外
1000棟
2000棟
都心部
1000棟
1100棟
2000
1100
1000
500
0
500位/1000番中
500位/1000番中
1500位/2000番中
600位/1100番中
スペースが余っている
スペースに限りがある
相対的競争力の劣化

もうひとつ、これはオフィスビルに限った場合なのですが、郊外より都心の収益不動産のほうが有利である理由があります。これは、「商圏の広がり」ということに関連します。

「本社か　支社か」

郊外都市では、景気が良くなると、オフィスビルが建つ「商圏」が広がるのが一般的です。たくさん余っている土地は、住宅地にも商業地にもできるのですが、好景気のときは、「商業エリア」が広がっていく傾向があるのです。

では、その商圏に建つオフィスビルには、どういうテナントが入るかというと、東京に本社がある会社の支社・支店という場合が非常に多い。例えば、大手保険会社の支店であったり、ゼネコンの支社であったりします。

もちろん、地元で創業したベンチャー企業の本社が入るといったこともあるでしょうが、割合としては東京の会社の支社・支店のほうが多い。また、東京の本社が、郊外に移転するケースはほとんどないと言っていいでしょう。

ところが一転景気が悪くなると、こうした郊外にある支社・支店は、潮が引くように撤退してしまいます。それまで商業エリアが広がってオフィスビルが増えていた分、空室率がもの凄い勢いで悪化し、エリアの賃料相場は一気に下落します。

その点、都心の場合は、商業エリアも住宅エリアもすでに過密状態ですから、郊外のように商業エリアが広がるということはありません。また、テナントが本社中心ですから、景気が悪いときでもテナントが抜けるということが少ないのです。

空室率も上がりにくい。郊外では空室率が15～20％のときでも、東京は８％程度にとどまっています。

これらは、東京都心の圧倒的な強みです。

郊外のオフィスビル需給は景気変動で大きく動く

どんな種類の不動産がいいのか

4つのセグメントで考える

郊外より都心が有利なことは前述しました。では、不動産のなかでいったいどういう種類のものを選べばいいのでしょうか？　ここでは、不動産の種類を分類することによって、その答えを探っていきましょう。

まず、不動産は、「住居系」と「事業系」に大別できます。マンション、ワンルーム、戸建て等が「住居系」。オフィスビルや事業所フロア等が「事業系」となります。

しかし、これでは、ざっくりしすぎていますから、さらに規模によって分けましょう。「大規模」のものと「中・小規模」のものに大別します。

～物件チョイスのセグメント～

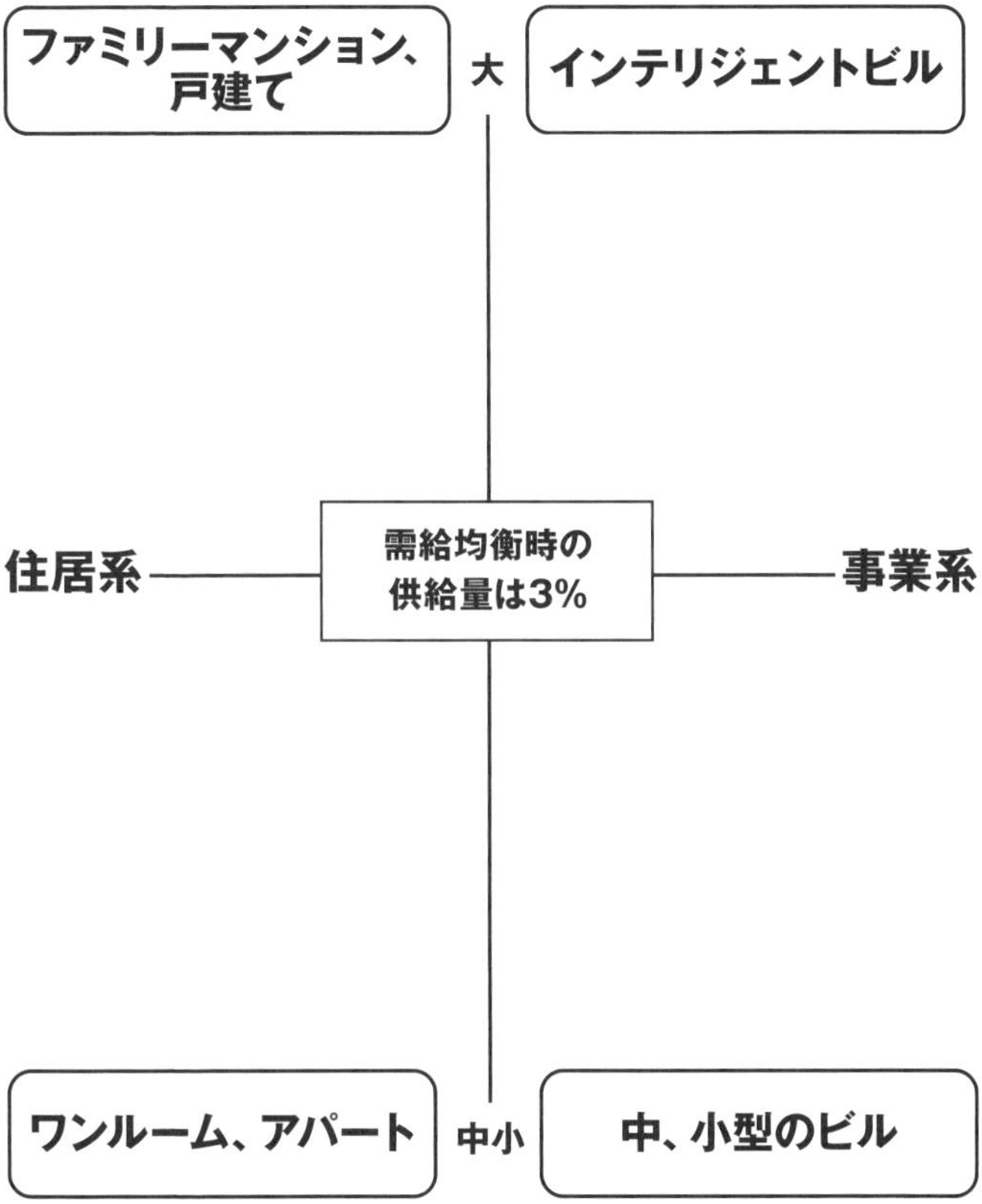

結果、この4つのセグメントに分類できることになります。

・住居系／大型・・・・「ファミリーマンション」「戸建て」
・住居系／中・小型・・「ワンルーム」「アパート」
・事業系／大型・・・・「インテリジェントビル」
・事業系／中・小型・・「中・小規模のオフィスビル」

この4つのセグメントのなかで、一番「需給バランス」に優れたものを探せばいいわけです。つまり、長期にわたり安定的にテナントがついてくれるような不動産はどれか、ということです。

「需要サイド」は変動せず、「供給サイド」は累積していく

これから4つのセグメントごとの「需給バランス」を検証していきますが、その前に、少し基本的な事実関係を押さえておいて欲しいと思います。

需給バランスの検証は当然、「需要サイド」と「供給サイド」の数の比較によって行うわけですが、実は、日本の不動産の「需要サイド」というのは、それほど大きく変動していないということです。

例えば、ワンルームやアパートを借りる世帯数は、日本全国で約１６００万くらい。

ファミリータイプの戸建てやマンションに住む世帯数はおよそ５２００万。

インテリジェントビルを借りるような上場会社は３０００数百社。

中小型ビルを借りる中小の企業は約３８０万社。

概ねこれくらいの数字だと思います。日本の人口にしろ、企業数にしろ、極端に増減するわけではないので、当然と言えば当然です。

かたや、「供給サイド」のほうは、基本的に累積していきます。特に先ほど、地方・郊外では余った土地を開発する余地があると述べましたが、確実に物件供給数は累積で増えていると考えるべきです。

さて、累積で増える供給サイドですが、日本の不動産で需給のバランスがぎりぎ

日本の不動産において
需要サイドに大きな変動はない

り均衡するのは、供給率3%程度までと考えられます。

この「供給率」とは、現在存在する不動産の総数に対して、「新規着工件数」の年間割合を示しています。

つまり、今現在ある物件総数の3%程度が1年間で増えるくらいであれば、需要サイドがギリギリ吸収できる。これ以上増えると、供給過多になってしまう。そのラインの数字が、3%ということです。

では、この3%を基準に、4つのセグメントごとの供給率に基づく需給バランスを検証していくことにしましょう。

【「ワンルーム・マンション」「アパート」の場合】

まずは、ワンルーム・マンションやアパート。

実はこの分野の不動産マーケットは今、非常に活況を呈しています。つまり、オーナーになりたいという人がもの凄く増えているということです。

アパートメーカーや、ワンルーム・デベロッパーなどの業者は、もの凄く業績がいい。売れて売れてしようがないんです。オーナーを育成するセミナーはどこも大盛況です。

そう聞くと一瞬需要が増えているのかな、と思ってしまいますが、そうではありません。買った人たちが今度は貸し手になるわけですから、増えるのは需要ではなくて供給です。

その結果、このタイプの物件は明らかに過剰供給状態になっています。供給率に関する公的な統計はないのですが、おそらくいろいろな数字から推測するに、首都圏に限って言えば、４つのセグメントで一番の供給過剰になっていると思われます。

また、こうした物件を借りる学生や若年層は、少子化の影響で徐々に減り続けていて、需要は伸びていない実情もあります。

これではあまりにも需給バランスが悪すぎますので、このセグメントは投資対象からは外れます。

【「ファミリーマンション」「戸建て」の場合】

ファミリーマンションや戸建ては、賃貸よりも購入する世帯が増え、「持家比率」がどんどん高くなっています。

また、世帯数自体の減少も影響して、この分野の賃貸マーケットは縮小しているというのが実態です。

その縮小した賃貸マーケットのなかで見ると、ワンルーム、マンションに次ぐ供給率ではないでしょうか。やはり、需給バランス的には不利だと言わざるをえません。

このセグメントも投資対象には考えにくい。つまり、大型も小型も住居系は外れるということです。

【「インテリジェントビル」の場合】

インテリジェントビルというのは、総延べ床面積が概ね1万㎡以上の大規模オフィスビルを指します。

ところで皆さんは、「２００３年問題」という言葉を聞いたことがあるのではないでしょうか。都心のインテリジェントビルが２００３年に続々と建設したため、供給過剰となり、空室が大量発生したという現象です。

その後、２００６年、２０１２年にも同じようなオフィスビルの建設ラッシュがあり、供給過剰が問題視されました。

インテリジェントビルは巨大ですから、１棟増えるだけで需給バランスは大きく崩れます。

今後も建築計画によってインテリジェントビルは増える予定で、将来的にも同様の問題が発生するかもしれません。

供給過剰問題が発生すると、供給率は大きく乱高下しますが、平均するとファミリーマンションや戸建てと同等ぐらいだと考えられます。

また、この規模のビルは非常に高額で、一般的には現物不動産投資ではなくＲＥＩＴ（リート）＝不動産投資信託での投資になるため、デフォルトリスク（価値がゼロになるリスク）も存在します。

そうしたリスクも考えるなら、やはり投資対象として、あまり「旨み」がないと言えます。

以上3つの分野はいずれも、私としてはお勧めできません。

そうなると残るのは、次のひとつです。

【「中・小規模オフィスビル」の場合】

中・小規模オフィスビルとは、平均の延べ床面積で1000坪以下のビル。ワンフロアの坪数が200坪以下の物件をイメージしていただければいいでしょう。テナントとなるのはほとんどが中小企業で、概ねフロア単位で借りています。

実はこうした中小型ビルは、この25年間減ることはあっても、まったく増えていません。

首都圏で言えば、供給が需要を下回る状況が継続すると思われます。4つのセグメントの中で供給率はどこよりも低いでしょう。

〜物件チョイスのセグメント〜

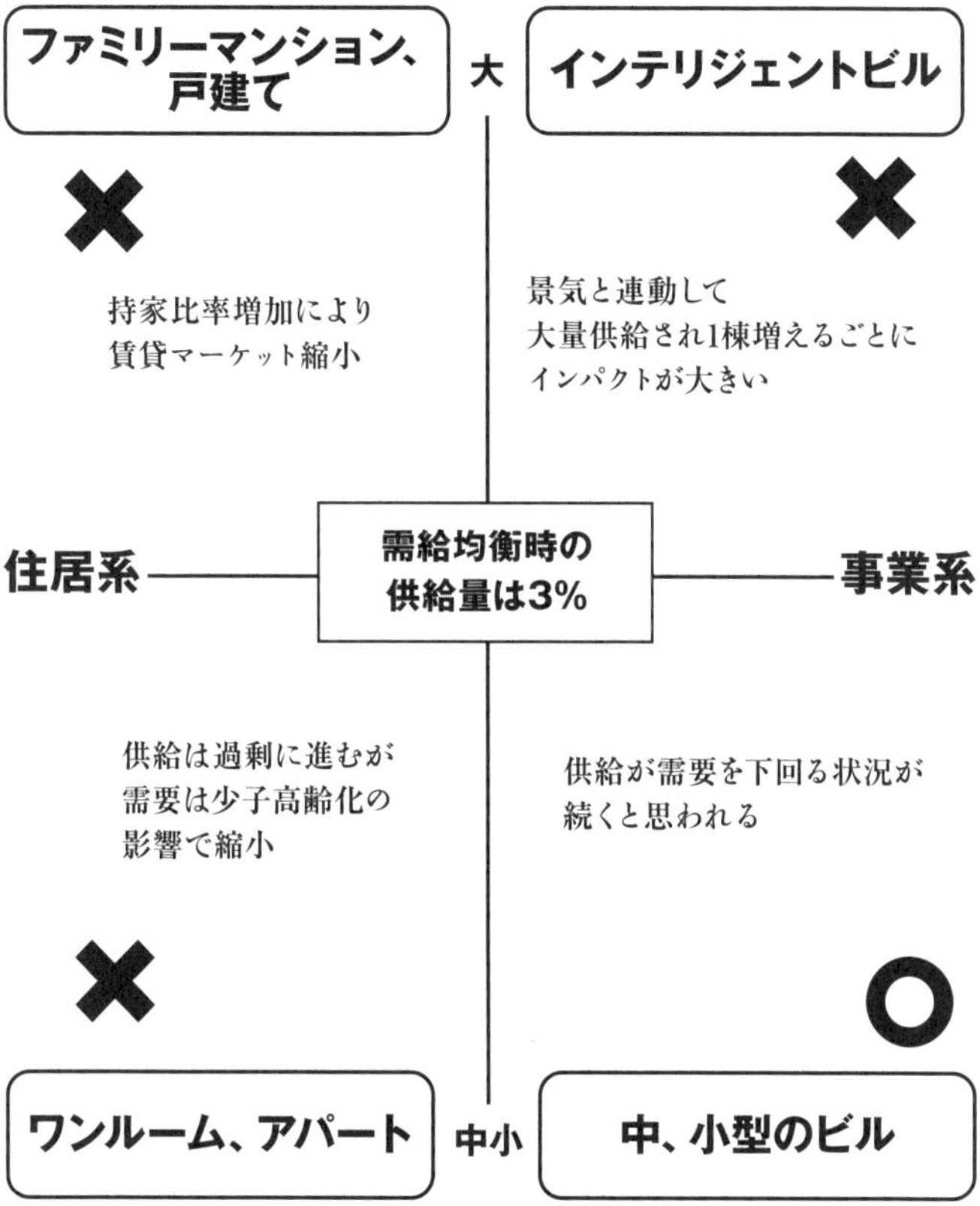
ファミリーマンション、戸建て
大
インテリジェントビル
×
×
持家比率増加により
賃貸マーケット縮小
景気と連動して
大量供給され1棟増えるごとに
インパクトが大きい
住居系
需給均衡時の
供給量は3%
事業系
供給は過剰に進むが
需要は少子高齢化の
影響で縮小
供給が需要を下回る状況が
続くと思われる
×
○
ワンルーム、アパート
中小
中、小型のビル

ですから私は、こうした中小型ビルがもっとも需給バランスが優れている、投資対象に最適なのではないかと考えています。

ではこの中・小規模オフィスビルについて、次に詳しく見ていきたいと思います。

事業系の中小型ビルが狙い目

借り手の絶対数が増える

中小型オフィスビルはバブル絶頂期に、東京の主要ビジネスエリアに数多く建てられました。そのビルは、バブル崩壊以降の25年間でどうなったでしょうか。

テナントだった企業の多くが倒産し、借り手がなくなったために、競売で売られてワンルームやファミリータイプのマンションになったケースが多いはずです。

また、六本木ヒルズのようなインテリジェントビルを建てる大規模開発の際にこうした中小ビルがまとめて買われた例もあったでしょう。

そのため、中小型オフィスビルは供給量が減り、ここ数年においては供給率マイナス傾向のはずです。中小企業が使用するオフィスビルが減少したのであれば、需給バランスという点で圧倒的に有利です。

では、需要はと言うと、中小型ビルのテナントになるような中小企業の数は、東京を中心にこの20年間どんどん増えています。

「中小企業」と言うのは正しくないかもしれません。実は今、数を増やしているのは、一般企業に限ったことではありません。

例えば、NPO法人、あるいは、SPC（資産証券化などの限定目的でつくられる会社）、匿名組合。こうした様々なバリエーションの「組織」が、特に東京において絶対数を増やしているのです。

ファンドをひとつ設定するために、ペーパーカンパニーを5～6社つくるというのはよくあることです。

ニュースでよく「戦後最大の倒産数」という言葉を聞きますね。でもよく考えてみると、その言葉はこれまでも毎年のように耳にしてきたのです。それはなぜかと言うと、法人・組織の絶対数が増えているから。分母（組織の絶対数）がどんどん増えているのですから、同じ割合（倒産率）のままでも、分子（倒産件数）が増えるのは当たり前です。

賃料が上がらなかった理由

全国で1万5000社倒産したとしても、東京ではそれを補うように、2万社の様々な法人組織が新規設立されています。それだけ東京の組織数は増え続けているのです。

東京に限って言えば、この20年間で、2倍近くになっているでしょう。これだけ需要があるのだから、中小型オフィスビルは需給バランスから言って、相当高い家賃を取れているのだろう、と皆さんは思うことでしょう。

ところが、ここ20年ほど、家賃は下落傾向にあったのです。なぜでしょう?

新規登録法人数は東京を中心に2万社は登録されていますので、絶対数として多くなっているのは事実なのですが、それがそのまま「有効需要」となっていたわけではないのです。

では、有効需要とは何を指すかと言うと、この2万社のなかで利益を出せる組織なのです。

バブルの時代との比較で見ると、当時は組織の絶対数は1万社程度。そのなかで利益を出せていた黒字法人は8割、8000社程度ありました。

それに対して景気が低迷していたここ数年は、利益を出している法人の割合は2割程度。絶対数2万社のうち、4000社ぐらいです。

つまり、法人の絶対数が倍になっても、有効需要は伸び悩んでいたので、賃料は上がらなかったわけです。

「潜在需要」は高くても、「実態需要」は高くはなかったという見方もできるでしょう。

「有効需要」がこれから伸びる

しかし、第2章で見たように、これからの日本は、なかでも東京では、長い低迷の時期を抜けて、回復段階にさしかかっているのは明らかです。

仮に、この「潜在需要」である2万社のうち、8割にあたる組織が利益を出せるようになったとしましょう。

2万社の8割というと1万6000社ですね。有効需要が4000社から1万6000社へ、4倍になる計算です。想定ではありますが、その可能性は十分にあると私は思っています。

先ほど見た4つのセグメントのうち、これほどの需要の伸びを期待できる分野は他にありません。

ワンルームを借りるような単身世帯は絶対に4倍にならない。5000数百万といわれるファミリー世帯が4倍になることなどありえません。大企業の数も4倍になることもまずないでしょう。

それに対して、中小企業の有効需要は4倍になる可能性が大いにあるのです。

東京では「潜在需要」「有効需要」ともに伸びが期待できる

〜潜在需要と実態需要〜

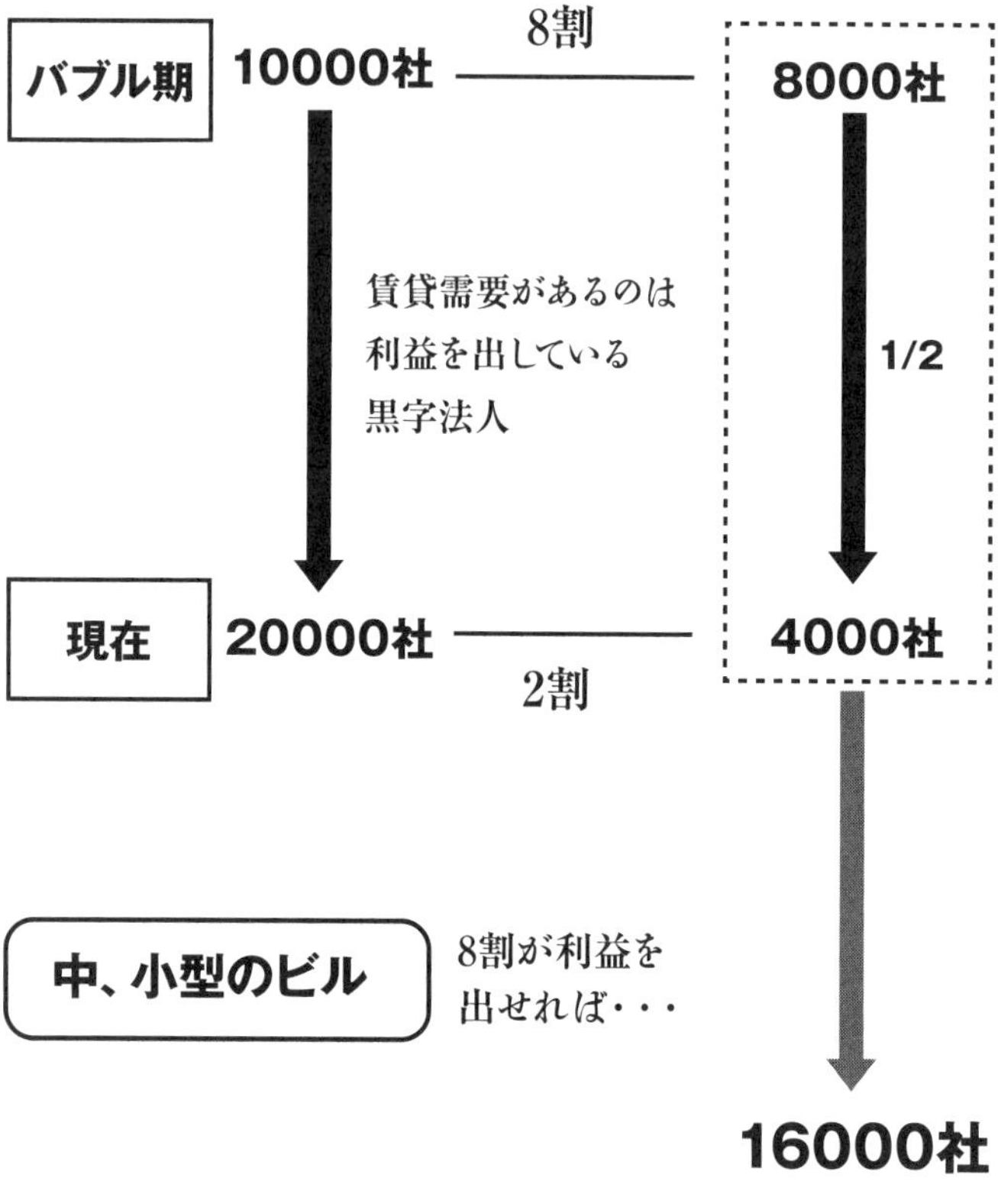

バブル期
10000社
8割
8000社
賃貸需要があるのは
利益を出している
黒字法人
1/2
現在
20000社
4000社
2割
中、小型のビル
8割が利益を
出せれば・・・
16000社

「空室」に対する考え方

空室の長期継続はありえない

不動産投資をする人にとって、一番の懸念材料は「空室」ではないでしょうか。せっかく手に入れた物件なのに誰も借り手がいない場面を想像するのは恐ろしいことです。

確かに、都内の空室率の高さが盛んに言われていますし、賃貸不動産のオーナーにとって、空室は避けられない事象のようにも思えます。

でも、実を言うと、私は空室をそれほど深刻には捉えていません。

なぜなら、「空室が長期継続することはありえない」というのが私の持論だからです。

なるほど、どんな物件でも一時的に空室になるということはあるでしょう。しかし、その空室が長期間にわたって続くようであるなら、そこには明確な「原因」があり、そこを対処すれば容易に解消されるのです。

その原因とは、「プライシングミス」。つまり、賃料の設定が間違っているということです。適切な賃料をつけていけば、長期の空室など起こるはずはないと考えられます。

プライシングミスが起こる理由

ではなぜ不動産オーナーは、プライシングミスを起こしてしまうのでしょう?

それは「以前つけていた賃料に固執する」からです。

一般に、住居系の家賃相場は景気による変動幅がさほどなく、事業系の家賃相場は変動幅が景気に左右されます。ですから、住居系の場合は前回成約した家賃で募集しても、そこそこ人が集まるでしょうが、事業系で同じことをやれば、テナントがつかなくなるのは当然なのです。

特に立地のいい不動産のオーナーはこの過ちを犯しがちです。変なプライドや、過去の常識が邪魔をして、値段を下げるという重要な決断ができないのです。

事業系ビルのオーナーであれば、きっちりと景気動向を読み込み、少し下の家賃設定をしなければなりません。景気の後退局面では、思い切って家賃を下げることも必要です。

もっと端的に言ってしまえば、「値段を下げれば必ずテナントがつく」のです。

「そんなことをしたら収益が減ってしまうじゃないか？」

――では、いつまでも空室が続き収益のない状態を続けるのと、多少金額が下がっても定期的に収益の入る状態と、どちらがよいでしょうか。

そもそも事業系は変動幅があるものの、トータルとしての需給バランスはいいので、変動ベクトルは住居系より上に来やすいのです。つまり、賃料を下げても、次に上げることで平均して高い収益が得られます。（次頁図の点線参照）

「でも、一度、賃料を下げたら、上げるのは難しいのではないか？」

――それも杞憂《きゆう》です。賃料を上げるタイミングは景気が良くなったときです。

～賃料相場の変動幅比較～

オフィス賃料は景気によって変動幅が大きく、
住居は変動幅が小さい

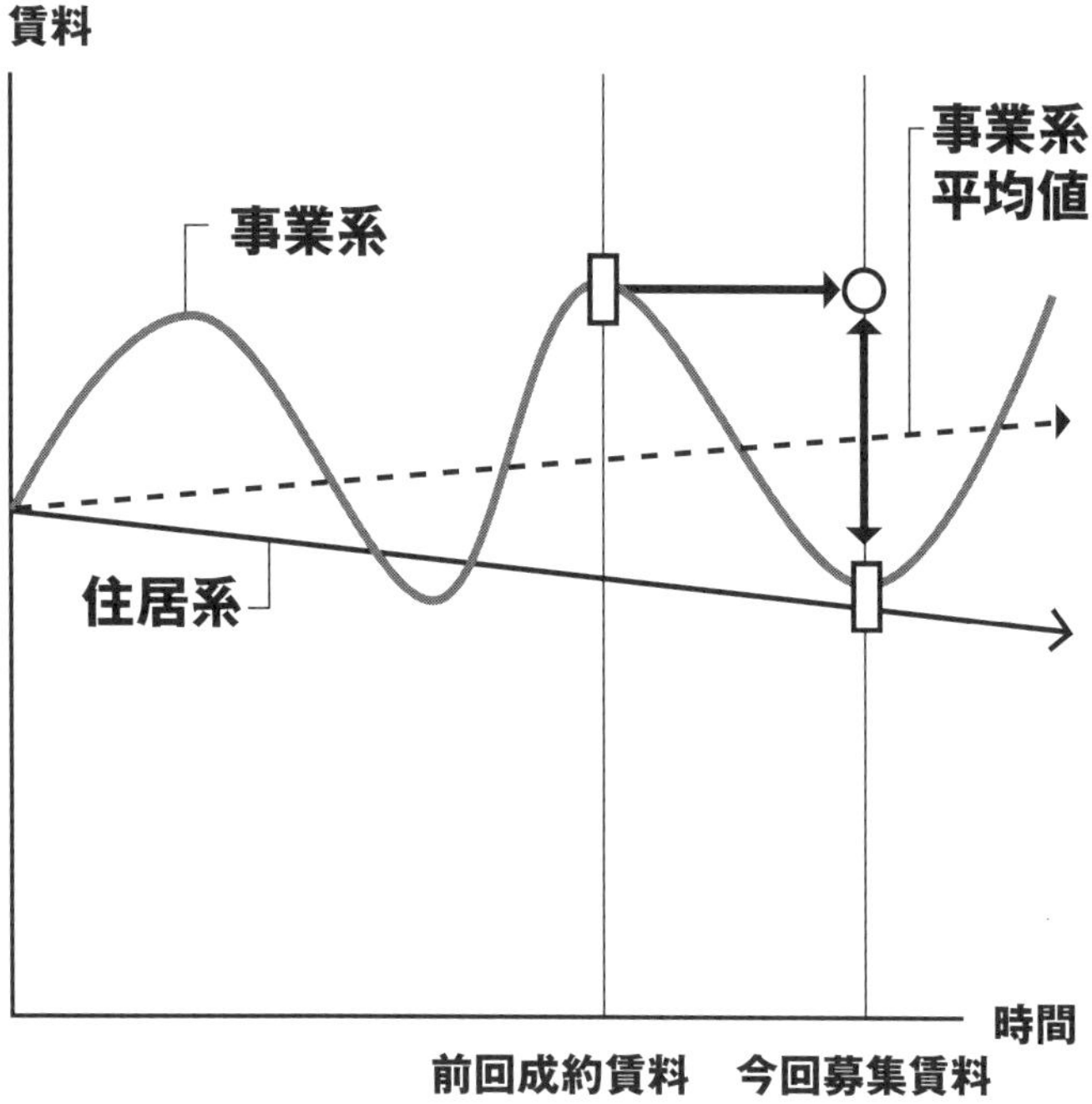

テナントの多くも業績を上げていますから、前回より高い値段で募集をかけても集まるものです。

「賃料相場を読み切るというのは、知識や経験がないとなかなか難しいのでは？」

——ですから、私の会社では、適切なプライシングをするためのアドバイスを積極的に行わせていただいています。また、テナントに対する家賃値上げの際は、多くの場合、私どもの会社が直接折衝にあたっています。

【第4章】

不動産投資の新戦略 ～区分所有オフィス

「区分所有オフィス」のススメ

1棟所有と区分所有

これまでの検証で、今、狙うべき不動産投資物件は、「東京都心」にある「中・小規模オフィスビル」であるという結論に達しました。

さて、皆さんは、この「中・小規模オフィスビル」というと、どういったものを想像するでしょうか？

例えば、新宿や渋谷あたりでよく見かける、面積が20坪（およそ66㎡）の土地に建つ5階建て程度の小型ビル、いわゆる「ペンシルビル」を思い浮かべるかもしれません。

こうしたビルは2億円ぐらいで買えます。手ごろ感もあって売れ筋のようです。

しかし、私どもがターゲットにしているのは、このようなビルではありません。

中小型ビルとは言っても、もう少し規模の大きなもの。例えば、ペンシルビルのちょうど10倍くらい、200坪の土地に建っている、10階建てぐらいの物件を想像していただくといいでしょう。(小規模のペンシルビルと区別するため、これから先は、「中規模ビル」と呼ぶことにしましょう)

さて、規模が10倍なのですから、値段も当然10倍以上の20億〜30億円はします。よほどの大企業や大富豪でない限り、1棟買いは少し無理でしょう。

そこで、私の会社で推進してきたのが、フロア単位で買う「区分所有」なのです。10階建てビルのワンフロア分だけを買うような方法です。

ただ、「区分所有」と言うと、抵抗を示す投資家も少なくありません。

住居系不動産における「1戸建て」と「マンション」の対比を連想してしまうのか、小さくても1棟所有のほうが格上のように感じる人もいるようです。

1棟所有より区分所有には多大なメリットがある

日本の不動産投資の世界では「区分所有」は非常に軽視されてきました。不動産投資に精通した投資家でも、ほとんど関心を示さない、あるいは、その存在すらも知らないというケースが少なくありませんでした。

しかし私は、「区分所有」のほうが1棟所有よりもはるかにメリットがあると断言します。様々な要素をじっくりと検証すればそれは明らかなのです。

ではこれから、私が考える「区分所有」のメリットを、以下の項目にて順にご紹介していきましょう。

①高く、長く貸せる。
②突発的なコストを平均化できる。
③土地の価値が高い。

「区分所有」のメリット

【メリット①】高く、長く貸せる

一般に、ビルのグレードは、規模の大きさに比例すると言えます。

大きな躯体《くたい》となるとその分、頑丈につくる必要もありますし、機能性やアメニティも、大きくなればなるほど配慮される傾向にあります。

テナントから見れば、小さいビルより大きいビルのほうが魅力があるので、そのぶん高く貸せるのです。

インテリジェントビルほど大規模でなくても、私たちが取り扱っている中規模ビルも、ペンシルビルに比べれば、はるかに高い賃料が取れます。

また、ビルの規模は、グレードだけでなく「寿命」にも比例します。

それは、つくりがしっかりしているという物理的な意味だけではありません。

一般に、不動産マーケットでは、規模の大きなビルが増やされていくと、同じマーケットのなかの一番小型のビルから順に淘汰されていきます。

テナントとなる企業の数は有限ですから、新しいビルが建てられれば、その分どこかのビルがニーズを失ってしまうわけです。そういう場合、押し出されるように消えていくのは、古くて小規模のビルであるというのは納得できると思います。

実際、都内でも50年以上経った古いビルを見ると、小型のものは少ないはずです。でも大型の古いビルはたくさんあります。三菱一号館や明治生命のビルなど、なかには120年近く経っているものも結構ありますね。

中規模ビルはさすがにそこまで長持ちはしないでしょうが、ペンシルビルに比べれば「淘汰の順番」のはるかに後ろのほうに位置していると言えます。

一度、建てられた中規模ビルは数十年間、利用されると考えてよいでしょう。

以上のことを考え合わせると、中規模ビルの区分所有というのは、同じ面積の小

高い賃料で長期間貸すことができる

規模ビル1棟買いに比べて、「高い賃料で」「長い間」貸すことができるという訳がお分かりいただけると思います。

また、グレードが高めの中規模ビルに入るテナントは、業績の良い優良企業が多いと考えられます。

事業が好調であれば、さらなる顧客獲得のためにも自社のイメージ向上を図りたい。オフィスの「見た目」は自社イメージを大きく左右します。商談で客を招くにしても、ペンシルビルなどよりも、ある程度、規模の大きいビルのほうが印象は良いでしょう。

家賃を多めに払ってでも、ハイグレードなオフィス環境にしたいのは当然です。儲かっているので、それだけの余裕があるわけです。

このような優良テナントに対しては高い賃料を設定でき、入居期間も長いので、安定した高収益が望めます。

【メリット②】突発的なコストを平均化できる

不動産を保有する上でもっとも可能性の高いリスクは何かと言えば、「突発的な修繕コスト」だと言っていいでしょう。水回りや外壁が傷《いた》んで修繕の必要性が生じると、数百万から1000万円程度の出費は覚悟しなければなりません。

例えば、1棟を保有して、まるごとテナントに貸しているようなペンシルビルの場合は、そのような突発的な修繕の必要性が生じた場合、オーナー1人（1社）で、すべてを負担しなければなりません。

それに対して、私の会社が扱っている区分所有オフィスの場合、まず私たちが率先して、すべてのテナントさんが加盟する管理組合をつくり、長期的な修繕計画も立て、修繕にかかる費用も積立基金などであらかじめ予算取りをしています。

ですから、ワンフロアを区分所有したオーナーは、月々の修繕積立金は払う必要があるものの、修繕コストはその積立金から払われますので、突然の大きな出費という心配がありません。他のフロアのオーナーと費用を分け合う形です。

区分所有は突発的な出費が平均化できる

結果、キャッシュフローが安定するという大きなメリットがもたらされます。

【メリット③】土地の価値が高い

路線価坪500万円の土地に建つ20坪のペンシルビルを、2億円で買ったオーナーAがいるとしましょう。上物のビルを除いた土地の価値はどれくらいになるでしょう？

500万円×20坪、1億円になりますね。

一方、このペンシルビルの隣、200坪の土地に10階建てのビルが建っていて、そのビルのワンフロアを2億円で買ったオーナーBがいます。

この人の場合、「土地の権利」はどうなると思いますか？「区分所有ではフロアの権利は持てるけど、土地の権利は持てないのでは？」と思うかもしれませんが、決してそんなことはありません。

オーナーBには、共有持ち分として、10分の1の「土地の権利」がしっかり与えられています。

さて、この地域一帯で再開発計画が持ち上がり、周囲の建物が次々に買われていきました。先ほどのペンシルビルのオーナーは、1億円を受け取り、土地を売りました。

では、その隣のビルの区分所有オーナーBはどうだったでしょう。

路線価は同じ坪500万円ですから、やはり、500万円×20坪（200坪のワンフロア分）の1億円で手放したのでしょうか？

何と、オーナーBの持つ土地の価格は4億円にもなったのです。なぜでしょう？

実は、200坪というまとまった敷地規模だったため、「実勢価格」が路線価の4倍にもなったのです。

路線価500万円の4倍で2000万円の坪単価。その20坪分ですから4億円というわけです。

2億円で買った物件が、土地だけになったら4億円の価値になったことになります。ちょっと信じられないかもしれませんが、こうした例は珍しくないのです。

つまりは、建物の規模が大きいと、「規模のメリット」が取れるということです。

規模のメリットにより再開発時の坪単価が上がる

～1棟ビルとの比較～

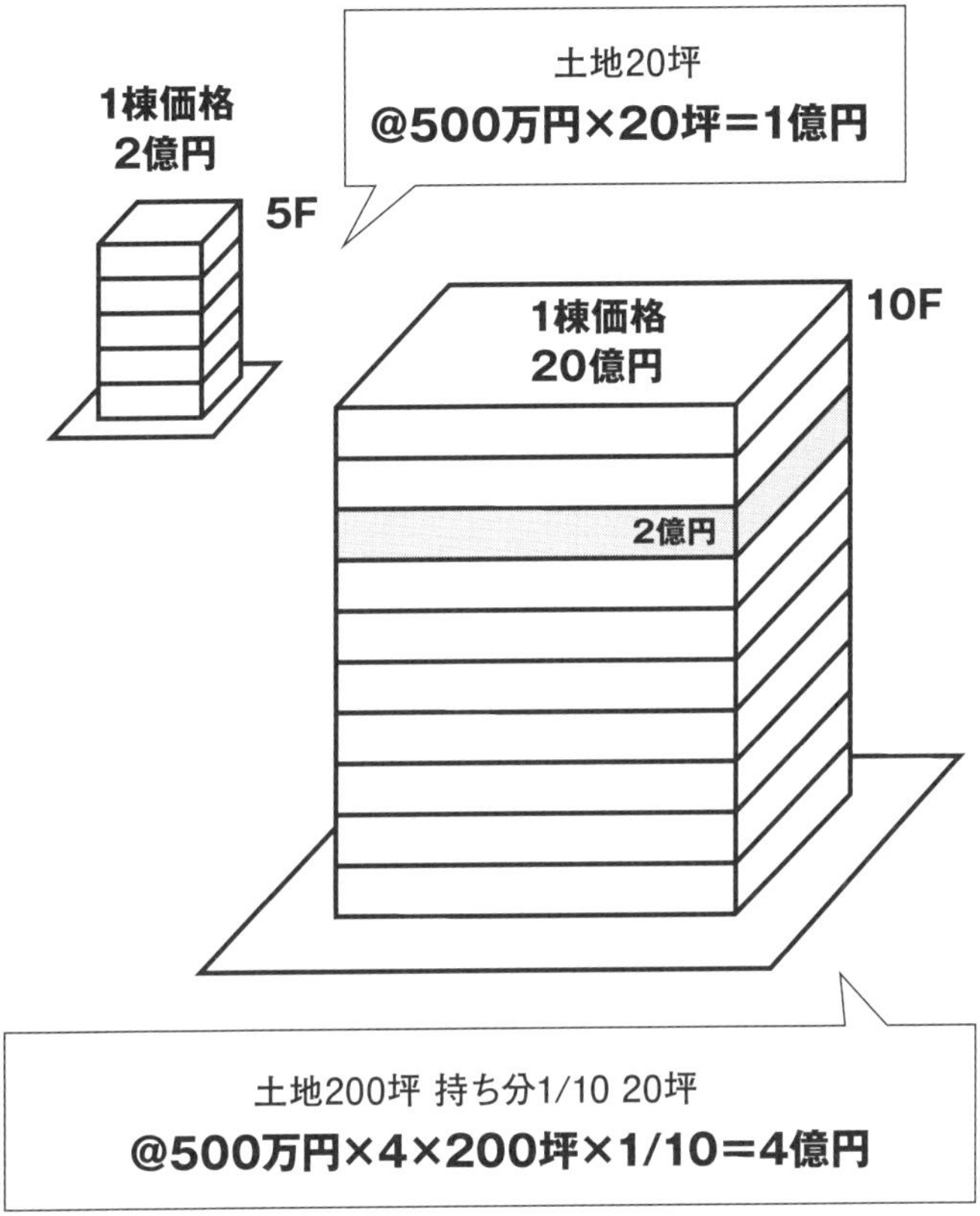
土地20坪
@500万円×20坪＝1億円
1棟価格
2億円
5F
1棟価格
20億円
10F
2億円
土地200坪 持ち分1/10 20坪
@500万円×4×200坪×1/10＝4億円

とは言え、中小企業には、インテリジェントビルのような超大型ビルでは、たとえ区分所有だとしても手が届きませんし、中規模ビルも1棟買いはとても無理でしょう。

でも、中規模ビルの区分所有ならば、「規模のメリット」をしっかり取ることができるのです。

区分所有は投資パフォーマンスが良い

「区分所有法」の緩和

区分所有は長い間、日本の投資家からは敬遠されてきた傾向があります。その一因として「区分所有法」の存在がありました。

昭和37年に制定されたこの法律は、マンションなど建物の一部を所有する人の権利関係について定めています。問題は、建物が老朽化するなどして建て替えや大規模修繕が必要になったときに、これまでは所有者の「全員決議」がないと着手できなかったことです。こうした制約があったせいで、再開発による資産価値の増大をも見込んでいるような不動産投資家としては、なかなか「区分所有」には食指が動かなかったと言えます。

実際、バブルの頃はオーナーひとりの意志で自由に再開発できる1棟建てビルがよく売れました。多少高くても、それだけお金が余っていたのです。

ところが、阪神・淡路大震災がきっかけで、平成14年にこの法律は改正され、「全員決議」ではなく、「5分の4の決議」があれば、建て替えや大規模修繕が可能となりました。

オーナーの総意も大事だけれど、地震で倒壊するようではたまらない。もっと建て直ししやすくするべきだということですね。まあ当然の流れだと思います。

東日本大震災の後、さらに緩和していこうという動きもあると聞きます。

そもそも区分所有法は、どちらかというと住居系の集合建物、マンションなどに軸足を置いた法律だと思います。例えば、もう50年もそこに住んでいるようなおばあちゃんが、人生の最後は思い出のアパートで迎えたい。そんな個人の思いや権利を守るために、役立ってきた法律なのではないでしょうか。そうした権利も大事なことでしょう。とは言え、それは事業系ビルに求められる「経済的合理性」とは別

区分所有法の改正も追い風に

の話です。

同潤会《どうじゅんかい》アパートというのをご存じでしょうか？　大正から昭和にかけて都内や横浜の各所に建てられた、当時としては先進的な鉄筋コンクリートの建物です。

老朽化による劣化や耐震性の問題から住民からも建て直しの声が上がったのですが、保存すべきという反対意見も根強く、かなり紛糾しました。しかし結局、ほとんどの同潤会アパートが建て直しとなりました。果たして「全員決議」の法律のままだったら、どうなっていたでしょう。

ともあれ、法律の面でも「区分所有」が敬遠される状況は改善されつつあります。

区分所有が不利だと考える現実的な理由は既になくなったと言っていいでしょう。

空室率が高いときほどチャンス？

空室率の高いときほど、賃貸がつけやすい？

東京都心のオフィスビルの空室率は、概ね5％くらいが需給の均衡するラインだと言えるでしょう。悪いときで8〜9％。2003年問題が起きたときがこれぐらいでした。

いいときで3％。バブルのときや2008年のリーマンショック前がそうです。賃料がかなり上昇しました。

つまり、5％を中心として、上下2〜4％の振れ幅にだいたい収まるのです。これより悪くなったことは、東京の主要ビジネスエリアではあまりないと思います。

そうは言っても、空室率が5％から9％に上がるということは、例えば、

１０００室が貸し出されているエリアでは、50室だった空室が１００室弱に増えるということですから、オーナーから見れば、やはり大きな問題でしょう。

さて、このとき見落としてならないのは、空室も増えるけれど、それまで使用していたオフィスを出て、縮小移転しなければならないテナント数（需要サイド）も増えるということです。

ただ、空室が倍になっても、次の物件を探すテナントは倍にはならない。倒産したり、なくなる会社もあるからです。

エリア全体の需給バランスを見てみると、空室率５％のときは、「空室」と「次の物件を探しているテナント」の割合は、50対45ぐらい。

それが空室率９％になると、１００対80＝約分して50対40といったところです。当たり前ですが、需給バランスがかなり悪くなっています。（次頁図参照）

確かにエリア全体の需給バランスは悪くなるのですが、実を言うと、９％の空室状態のほうが、賃貸がつけやすいのです。なぜでしょうか？

１００室の空室のオーナーの８割、80室80人はプライシングミスをするからです。

賃料設定をミスしないのは、20室の20オーナーだけ。

借り手の80社からすると割高の賃料を設定した80室はほぼ選択肢に入ってこない。ということは、設定ミスをしない20人のオーナーが80社を取り込めるわけです。

つまり、こういう空室率の高い悪い時期のほうが、うまくやると自分の所だけは空室率を下げられる。私たちの顧客は皆さま、プライシングミスをしないほうのオーナーさまです。

～プライシングミスの発生要因～

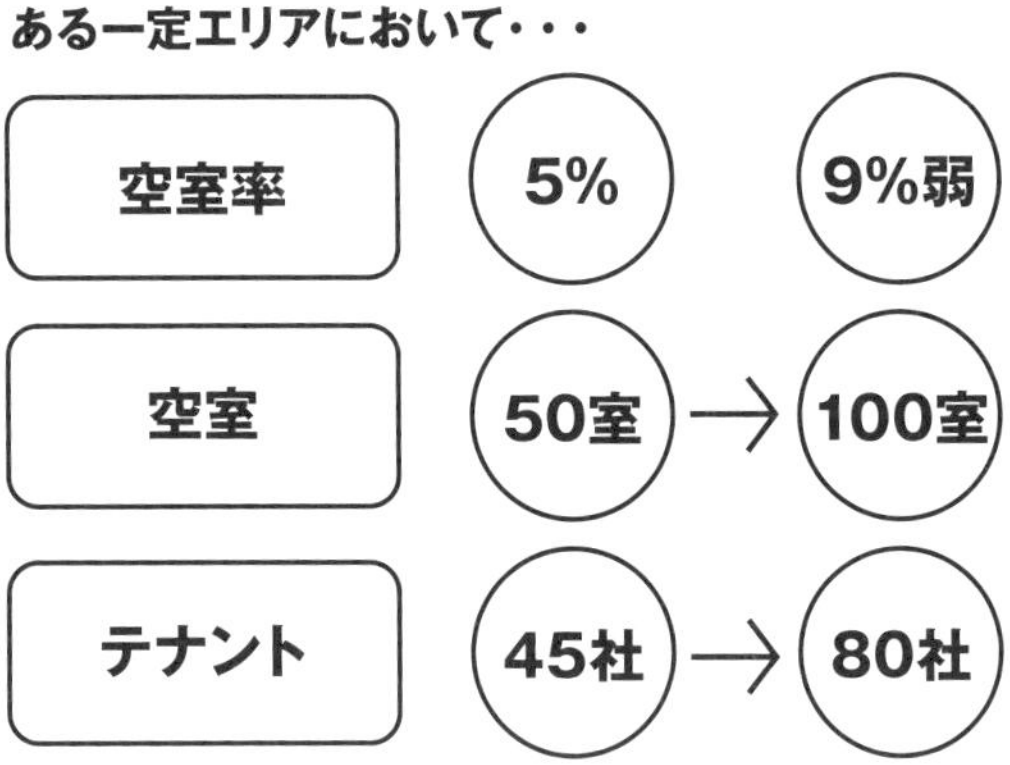

空室率の高いときこそ適切なプライシングで需要を取り込める

「空室」の正体

オフィスビルの空室に関する現象

「長期にわたり空室が継続することはない」という私の考えは、次のような例を見ても納得していただけるのではないかと思います。

あるエリアに3つの中小企業があります。

A社は現在賃料100万円のオフィスを、B社はワンランク下の賃料70万円のオフィスを借りています。しかし、どちらの会社も業績を落としたために賃料負担が重くのしかかり、ワンランク下のオフィスに移転せざるをえなくなりました。

それに対し、もっともランクの低い50万円のオフィスを借りていたC社は、最近

〜オフィスビルの空室に関する現象〜

空室カウントされても家賃は入り続ける

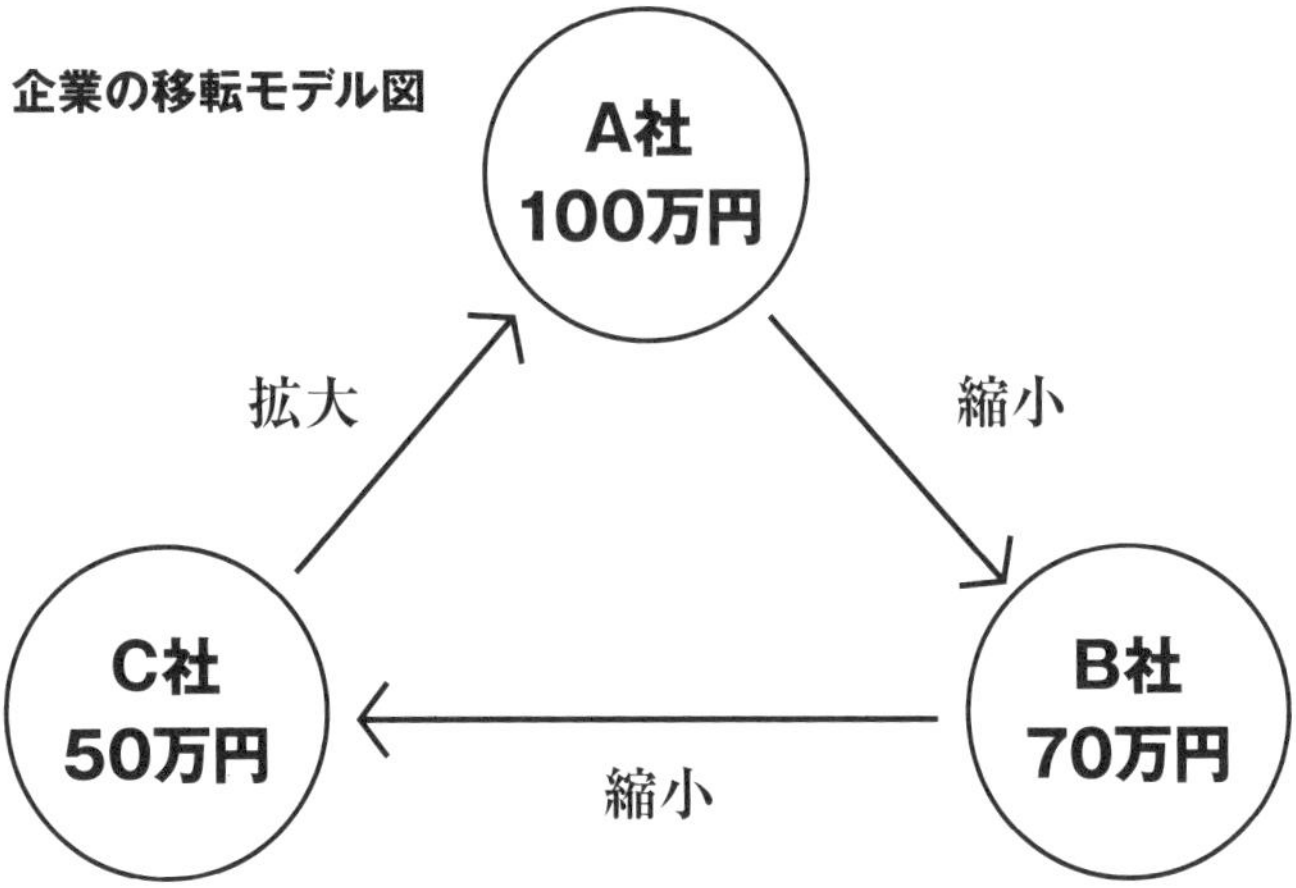

業績を伸ばしたので、２ランク上の１００万円のオフィスを借りることにしました。

３社の引っ越しはほとんど同じ時期に行われ、結果として３つの企業は、右図のような時計回りで、お互いのオフィスを交換するような形で事務所移転しました。

実際、景気のボトム期にはA社やB社のように、オフィスの縮小をするケースはよくおこります。縮小であって潰れたわけではないので、次のオフィスに移る必要があるわけです。

それぞれのオフィスのオーナーとしてみれば、現在のテナントが出た直後に次のテナントが入ったので、「空室期間」はほとんどなかったことになります。

もちろん、それも景気動向を読んだ適切なプライシングをしたからこそです。

オフィスの「空室」は目立つ？

「今は景気が悪く、オフィスの空室が増えている」というのが不動産投資家の間でも常識になっているようです。でも、それは多分にインプレッションがもたらした過剰反応ではないかと私は思っています。

先ほどの例では、事業系の解約予告は6か月前に行うというのが決まりですから、各オーナーは「空室あり」の広告をテナントが移転する6か月前には出していました。つまり、かなり長い間、3件の空室広告が出ていたことになります。広告を見た人は、「やっぱり景気が悪いんだなあ」と思ったことでしょう。

さて、事業系では、解約予告は6か月前ですが、住居系は1か月前でいいのです。空室広告の掲示は事業系に比べて期間が短いということが多い。

さらに、オフィスの場合、表通りのビルのガラスにデカデカと「空室」の看板が掲げられたりするのに比べて、人通りの少ない住宅街にある住居系の空室は目立たない。どれが空室なのかさえ分からないことがほとんどです。

住居系の空室は目立たないけれど、事業系は目立つので空室率が高いように感じる。

こうした印象に左右されて、事業系不動産オーナーは必要以上に「空室」を恐れているのではないかと思います。

地震リスクは？

地震に対する不安

２０１１年の東日本大震災以降、不動産投資家の皆さんから、地震に対する不安の声を多く聞くようになりました。

大地震が起きたら建物が大きく損壊して、その修繕のために、ばく大な費用がかかるのではないか？　それどころか建物が全壊してなくなってしまうのではないか？

そう心配するのも無理はないかもしれません。

しかし、私どもが区分所有で提供している中規模のビルというのは、もともとファンドが保有していたハイクオリティの物件が多く、そのほとんどが耐震基準をクリアしています。

たとえ、東日本大震災クラスの地震が起きたとしても、全壊あるいは半壊することはまずないと思っていただいていいと思います。

実際、1000年に1度と言われる東日本大震災でも、私どもの物件と同じような耐震基準をクリアした建物では、倒壊などの被害は起きていないと聞いています。

地震がもたらす「開発のメリット」

また、仮に想定外の強い地震が起きて建物がダメージを被った場合でも、実は「開発のメリット」というものが取れるので心配ない、むしろチャンスであるとも言えます。

先に例に出した200坪の土地に建っている10階建てのビルをイメージしてください。

容積率は500%、つまり延べ床面積1000坪です。(168~169頁図参照)

ここのワンフロアを区分所有しているオーナーのケースで考えてみましょう。

建物は1棟20億円。ワンフロア分は2億円の価値です。土地持ち分は20坪です。

巨大地震が起きてこのビルが損壊。その後、再開発で同じ規模のものに建て直されたとします。

このクラスの新築ビルなら坪3万円ぐらいで貸せます。実際に賃貸に出せる面積は延床面積の84％で、840坪。これを坪3万円で貸し出すと、

3万円　×　840坪　＝　2520万円／月

月額の賃料が2520万円、年間賃料は約3億円となります。

実はここ最近、この規模の新築中規模ビルというのは、供給が少なかったので、いわゆるプライベートファンドがこのビルに飛びつくはずです。概ね、利回り4％ぐらいの値段で買うでしょう。

3億円　÷　0・04　＝　75億円

建築コストや事業者フィーを差し引いて、55億5000万円で土地が売れました。

区分所有オーナーに対しては、5億5500万円ぐらいが支払われます。

地震倒壊

再開発が行われ
坪3万円/月で貸せたとしたら・・・

実際に賃貸に出せる面積は延床面積の84%
1000坪×84%=840坪
3万円×840坪=2520万円/月
年間賃料 ⇒ 約3億円

REITなら4%の利回りで買うので
75億円（=3億÷0.04）で売れる

売却価格	**75億円**
建築コスト	**▲12 億円（@120万円）**
事業者フィー	**▲7億5000万円（売却価格10%）**
差引き	**55億5000万円**

つまり55億5000万円でこの土地は買い上げられ
持分に対しては約5億5500万円まで価値が上昇

〜地震リスクがチャンスになる〜

1棟20億円 ワンフロア2億円

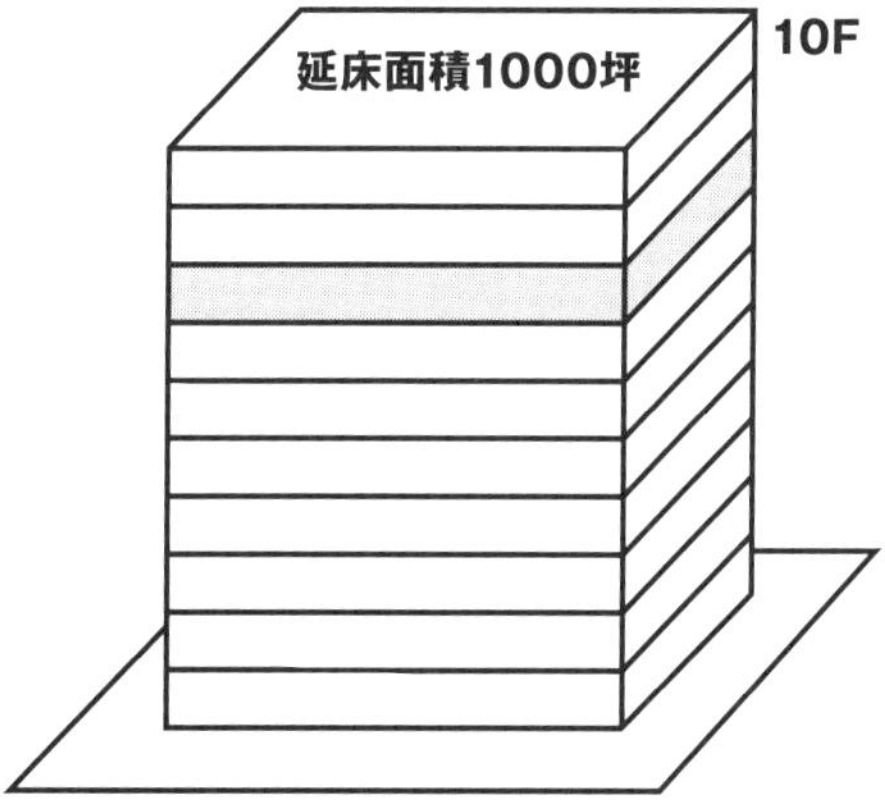

200 坪の土地に建つ容積率500%のビル
持分 ⇒ 1/10 20坪

2億円で買ったのものが、5億5500万円まで価値を上げたことになります。

このようなケースを考えるならば、地震はリスクではなく、むしろ収益アップのチャンスとなると言えるのではないでしょうか。

地震はリスクではなく、むしろ収益アップのチャンスも

金利上昇リスクは？

金利に対するよくある誤解

金利上昇リスクに対する不安も実によく聞きます。

区分所有物件を買うために組んだローンの金利が上昇して、月々の返済金額が増えてしまったら、家賃収入を上回ってマイナスを出すのではないか？

しかしこの不安も、多分に金利に対する誤解や知識不足から生じているのです。

何となくイメージで考えると、金利が倍になったら、返済金額もそのまま倍になるのではないかと思ってしまいがちですが、そんなことはありません。金利が上昇したとしても、等分に比例して返済金額が増えるわけではないのです。

不動産の購入でよく利用される「元利均等返済」のローンで見てみましょう。

３０００万円を30年ローンで借りたとします。金利が３％とすると、毎月の返済額は12万６４８１円となります。（図参照）

その金利が倍の６％まで上がったとしましょう。すると約12万円だった毎月の返済額は倍の24万円になるでしょうか？　そんなことはないですね。24万円よりずっと少ない、17万９８６６円です。

「元利均等返済」では、金利と元本を一緒に返済していきます。

返済を続けると当然元本が減っていきますので、仮に返済途中で金利上昇があったとしても、その金利は少なくなった元本にしかか

～金利上昇に関する現象～

金利上昇で増えるのは、金利支払い部分だけ

［例］
3,000万円を30年ローンで借りた場合
（元利均等返済）

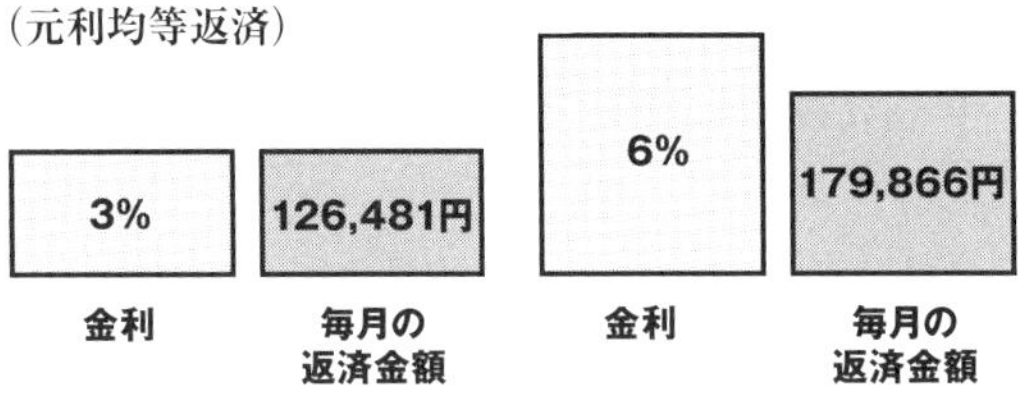

金利が倍でも、
返済金額は
倍にならない。

からないのです。

元金が減っていく分、金利のインパクトもどんどん減っていくので、極端な話、返済期間の最後の1年で金利が100倍になったとしても、返済金額はそれほど影響を受けないでしょう。まあ、ありえない例えですが。

金利上昇は収益アップのチャンス

では、家賃収入のほうはどうでしょう。

家賃は物価のひとつで、給料などと同様にお金の価値の尺度となっていますから、金利が上がることで、家賃が上がっていくと考えられます。

仮に年10%ずつ上がるとすると、100万円の賃料が翌年は110万円になり、次の年は121万円になるというぐあいに、複利で増えていきます。

つまり、金利が上がれば、それ以上に家賃が上がるので、金利上昇は収益力アップのチャンスになるということです。

金利が上がれば、
それ以上に家賃が上がる

～金利上昇に関する現象～

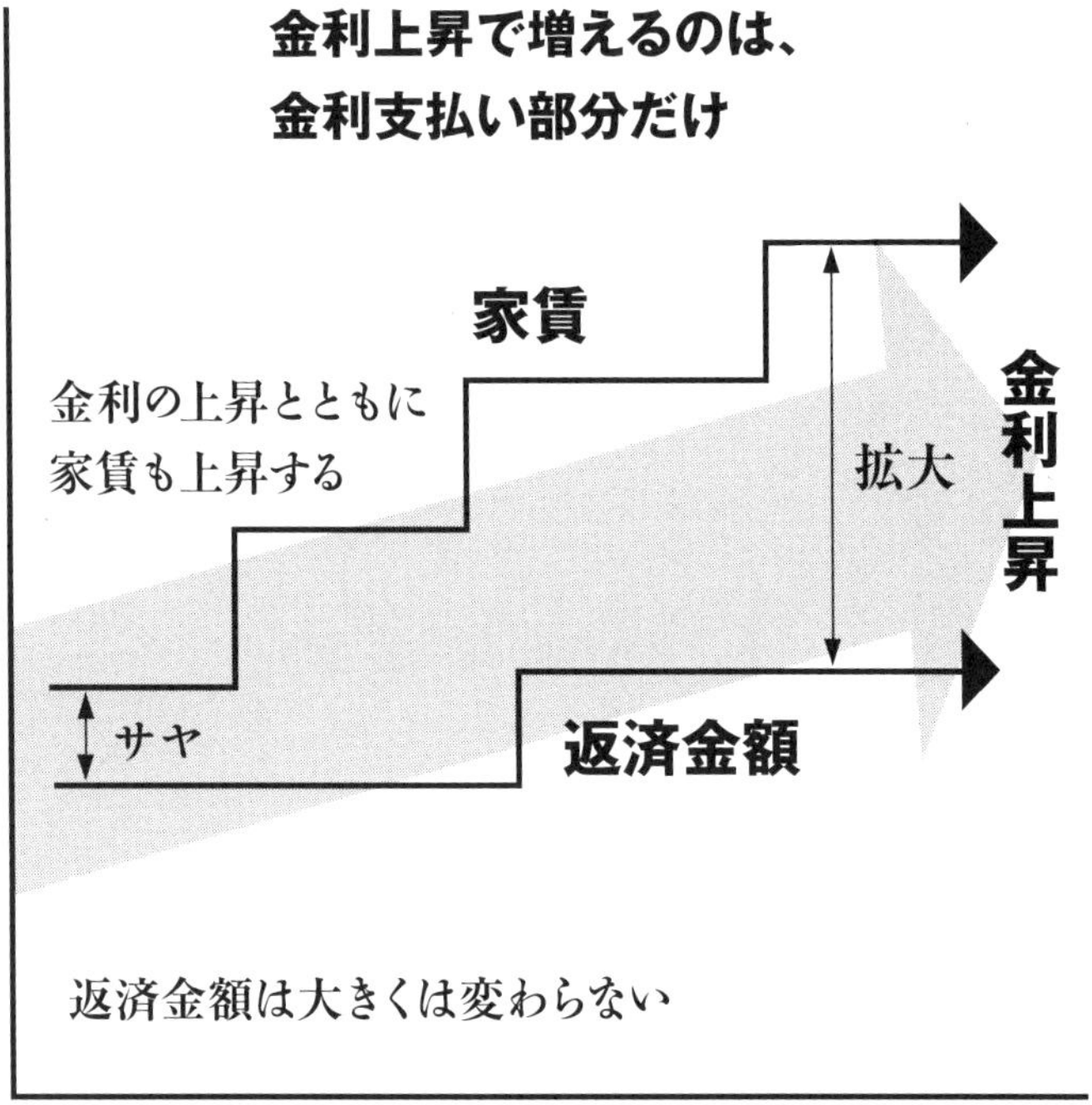
金利上昇で増えるのは、
金利支払い部分だけ
家賃
金利の上昇とともに
家賃も上昇する
拡大
金利上昇
サヤ
返済金額
返済金額は大きくは変わらない

売却流動性リスクは？

流動性が確保できる

「区分所有」に対しては、売却流動性リスクを口にする投資家もいます。マーケットに出てこない区分所有は、なかなか売れないのではないかと心配されているようです。

しかし弊社では、「区分所有オフィス」のパイオニアならではの営業力で、顕在的・潜在的な顧客に向け売却します。この顧客網は拡大中であり、弊社にしかない強力なマーケットであると言えます。さらに、仲介業者をコントロールして一般のマーケットで売却したり、緊急時は弊社が買い取るなど、様々な出口戦略を確立することで高い流動性を実現しています。

言うまでもないことですが、基本的にどのような案件でも割安な値段設定をすれば、よく売れます。売却流動性は価格によって決定されるということです。

でも安く売って損にならないのか、と思われるでしょう。

もともと私の会社が扱う区分所有オフィスは、保有している間、高い利回りで長期にわたり安定した運用が期待できます。その分、売却時には安く売るだけの余裕が生まれると言えるのです。

また、あらゆるアセットは、小口化することにより流動性が高まるものです。大規模な1棟のビルを購入できる層よりも、小口化された区分所有を購入できる層のほうが厚いですから、流動性は確保できています。

近年、区分所有法が改正されたことによる区分所有マーケットの成長も好材料です。

かつては見向きもされなかった区分所有ですが、今や確実に取引事例が増えています。

区分所有オフィスの二次流動性は高い

競売などで区分所有物件を出しても、落札が困難という場面も見られるようになってきました。マーケットが成長し、購入する層が増えることでやはり流動性は高まります。

区分所有は、日本以外の国では盛んで、グローバルスタンダードと言ってよいものですから、マーケットでは外国企業も視野に入ってくるかもしれません。

「区分所有」が不動産投資への突破口を拓く

企業存続のためには収益不動産保有が有利とは分かっていても、高額であること、様々なリスクが心配……といったことから、なかなか手を出せない企業が多かったのは事実です。

ですが、以上見てきたように、「区分所有オフィス」という商材によって、より多くの企業にも収益不動産保有の可能性が出てきました。

一定規模以上の企業だけが収益不動産の恩恵に与《あずか》れる――こうした状況を打ち破る突破口に、「区分所有オフィス」はなってくれるはずです。

区分所有オフィスの市場が広がりを見せていく

～高い二次流動性を実現～

独自に創り上げた二次流動性

パイオニアならではの顧客網と
営業力を駆使して、
通常の商品在庫と同じマーケット、
同じエネルギーで売却

↓

高い二次流動性を実現

さらに仲介会社をコントロールして
一般のマーケットで売却したり、
緊急の場合には買い取るなど、
様々な出口戦略を確立

あとがき

～収益不動産こそ財務改善のキー

バブル時の土地投機、そしてリーマンショック……こうした事象によって、これまで不動産投資に対しては、不当にダーティーなイメージが与えられてきた感があります。

バブルで土地売買に手を出して失敗した、痛い目に遭った。だからもう不動産には手を出さない……そう考える経営者は少なくありません。

不動産などには見向きもせず、ただひたすら本業に精力を傾けるべきだというのが正しい経営のあり方だと思われているのかもしれません。

でもその本業で、ずっと利益を出し続けるのは容易なことでしょうか？　本業で連戦連勝を成し遂げる自信が、経営者の皆さんにはあるのでしょうか？

もし本業で〝転んだ〟ときに、何の下支えも用意していなかったと言うのでは、経営のあり方としてあまりにも無防備だと言わざるをえません。

その「本業の下支え」として最も確実なものが不動産、なかでも「区分所有オフィス」だと言うのが、この本で展開してきた私の主張です。


考えてみてください。およそ、この世に存在するもので、土地ほど実態が確かで揺るぎのないものはないでしょう。多くの消費財と違って土地は決してこの世から消え去ることはありません。

そしてそこに土地があれば、建物という空間があれば、「使用目的」という大きな価値が付随します。使用価値次第で何倍にも値を上げることもあります。

一瞬にして紙切れになる可能性がゼロではない株や債権とは、根本的に性質が異なるのです。

こうした本質を捉えれば、不動産投資を恐れる理由はないはずです。

確かにバブルのときのように一攫千金を狙って、投機目的だけで不動産を売買するならば、怪我を負うこともあるでしょう。

しかし、間違った目的で、間違った使い方をすれば、間違った結果をもたらすのは、何も不動産投資に限ったことではなく、あらゆる経済行為に言えることです。

ですから不動産投資を始めるにあたって、まずは、「正しい目的」をしっかり見定めることがたいせつなのです。

「自社の財務状況を改善する」「リタイア後のキャッシュフローを確保する」……といった確固たる目的を設定して、その目的に合致した適切な方法で運用するならば、不動産投資は様々な恩恵をもたらしてくれるはずです。

収益不動産を手に入れるということは、毎月決まった賃料が入るということで、それは企業にしてみれば、毎月商品を買ってくれる新規の得意客を獲得したのと数字上では同じことです。

もし、本業が順調であるならば、売上の上昇に伴って、総売上と同じくらいの額の収益不動産を保有してもいいのではないか、と私は思っています。

それによってどういうことが起きるかと言うと、人件費などの固定費のほとんどを賃料でカバーできてしまうのです。

財務改善のためにコストダウンをするべきとは長らく言われてきたことです。でもコストダウンにも限界があるでしょう。いくらなんでも社員一人ひとりにかける人件費を半分にはできません。

企業存続のためには、コストを抑えるという発想よりも、新たなインカムの源泉を獲得するという逆説的な発想が大事なのではないかと私は思います。

また、インカムゲインだけでなく、割安な物件を見つけて「逆張り」を効かすことで生まれるキャピタルゲインも、「区分所有オフィス」には期待できるということが、この本を読んでご理解いただけたことと思います。

収益不動産保有による財務強化の成功に、この本が少しでもお役に立てることを心から願っています。

２０１４年６月

宮沢　文彦

〈著者略歴〉
宮沢文彦（みやざわ・ふみひこ）
株式会社ボルテックス代表取締役社長。平成元年、早稲田大学商学部卒業。同年、ユニバーサル証券株式会社（現三菱ＵＦＪモルガン・スタンレー証券株式会社）入社。平成７年、株式会社レーサム・リサーチ入社（現株式会社レーサム）、営業として活躍。不動産投資コンサルティングを行う。平成11年、株式会社ボルテックスを設立。

ブックデザイン・組版：清水俊博（deft）

勝ち残る企業のための
不動産投資バイブル
革新的戦略「区分所有オフィス」

2014年8月5日　第１版第１刷発行

著　者　宮沢文彦
発行者　安藤卓
発行所　株式会社ＰＨＰ研究所
東京本部　〒102-8331 千代田区一番町21
普及一部　☎03-3239-6233（販売）
京都本部　〒601-8411 京都市南区西九条北ノ内町11
教育出版部　☎075-681-8732（編集）
PHP INTERFACE　http://www.php.co.jp/
印刷所
製本所　図書印刷株式会社

ISBN978-4-569-81846-7